글쓰기 논술 **쓰마**⁺ 3단계 --- 1

철학 박사 **박우현** 책임 감수
글쓰기전략연구회 **쓰마와 하마** 지음 · 원혜진 그림

머리말

나를 위한 글쓰기 - 쓰마!

글쓰기는 과정입니다. 나만의 사고와 느낌이 중요합니다. 글쓰기에서는 어떤 글자를 얼마나 많이 썼느냐가 중요하지 않습니다. 내 생각을 어떻게 쓰고 있느냐가 중요합니다.

모든 글쓰기는 궁극적으로 나를 위한 글쓰기입니다. 이 책은 결과 중심 글쓰기 교재가 아닙니다. 과정 중심 글쓰기 논술 교재입니다. 과정 중심에는 '나'가 있습니다.

글쓰기는 자신감입니다. 이 책은 '도입-기초-발전-심화-나만의 글쓰기'로 구성되어 있습니다. 차례대로 글을 쓰다 보면 은은하게 다가오는 황홀감을 느낄 수 있습니다. 글쓰기 초보자도 자신감이 생깁니다.

글쓰기는 가치 있는 창의력을 배경으로 합니다. 이 책에는 초등학교 국어 교과가 녹아들어 있습니다. 갑작스럽게 다가오는 즐거움을 국어 시간에도 느낄 수 있습니다.

이 교재는 방과 후 학교 교재로도 좋고, 엄마와 함께해도 좋습니다. 질문이 분명하여 학생들이 즐거운 마음으로 할 수 있기 때문입니다.

독서 지도와 함께하면 더욱 좋습니다. 이 책은 독서 지도 교재가 아닙니다. 글쓰기 논술 교재입니다. 그러나 글쓰기도 독서를 위한 행위입니다. 글을 잘 쓰려면 많이 읽어야 합니다.

어린이를 위한 모든 교재는 선생님 중심이 아니라 어린이 중심이어야 합니다. 과정 중심 글쓰기 논술 교재는 학습자 중심의 교재입니다.

철학 박사 박우현

이 책의 특징

1. 생각을 열어 준다!

글쓰기는 생각을 여는 데서 시작합니다. 어린이가 닫힌 생각을 스스로 열고 글쓰기에 대한 두려움을 떨치게끔, 예시를 통해 학습 목표에 차근차근 다가가도록 구성하였습니다.

2. 생각을 키워 준다!

생각을 키우는 가장 좋은 방법 중 하나는 여러 가지 종류의 다양한 글을 읽고, 느끼고, 생각하는 것입니다. 《글쓰기 논술 쓰마》는 초등 교과 과정에 맞는 다양한 예문과 마인드맵 등을 통해 생각이 자라게끔 꾸몄습니다.

3. 생각을 펼쳐 준다!

나만의 글쓰기를 하려면 생각을 잘 정리해야 합니다. 생각을 열고(도입과 기초), 생각을 키우고(발전), 생각을 펼치는(심화) 과정을 거치면서 자연스럽게 생각이 정리되고 마음껏 글로 펼쳐 쓸 수 있습니다.

4. 생각을 다져 준다!

총 3단계 7과정으로 구성된 《글쓰기 논술 쓰마》는 어린이의 글쓰기 개별 능력에 따라 학습이 이루어지도록 꾸민 체계적인 교재입니다. 학습 능력 단계에 맞춰 과정을 밟으면 생각이 다져지고 아울러 글을 쓰는 힘이 쑥쑥 길러집니다.

5. 생각을 쓰게 한다!

글은 잘 쓰려면 많이 써 봐야 합니다. 그래야 자신감을 가지고 글을 쓸 수 있습니다. 《글쓰기 논술 쓰마》는 글 쓰는 지면을 많이 둔 글쓰기 중심 교재입니다.

차례

비유적인 표현으로 시 쓰기 — 5

분류와 분석 — 13

묘사하는 글쓰기 — 21

기사 쓰기 — 29

감상 쓰기 — 37

사실과 의견 쓰기 — 45

주장과 근거 — 53

관찰하고 쓰기 — 61

상상 쓰기 — 69

쓰마랑 함께하는 **아름다운 순 우리말** — 77

생각 동화 **호랑이의 눈물** — 78

쓰마와 함께하는 **북한말** — 80

비유적인 표현으로 시 쓰기

시는 여러 가지 표현법으로 주제를 더 강조할 수 있고, 아름답고 감동적인 표현의 멋을 낼 수도 있습니다. 사물을 빗대어 표현하여 지은이의 생각이나 내용에 대한 감동과 상상을 강조하기도 합니다. 시는 다양한 의성어나 의태어를 사용해 우리 마음과 감각을 재미있게 표현합니다. 시 속에서 말의 재미도 더 맛깔 나게 즐길 수 있습니다. 다양한 표현으로 시를 써 봅시다.

학습 목표
1. 시의 인상 깊은 표현을 찾을 수 있다.
2. 비유적 표현에 대해 알 수 있다.
3. 비유적 표현으로 시 쓰기를 할 수 있다.

생각을 열어요

시 감상하기

▌표현에 주의하여 시를 읽고, 물음에 답해 봅시다.

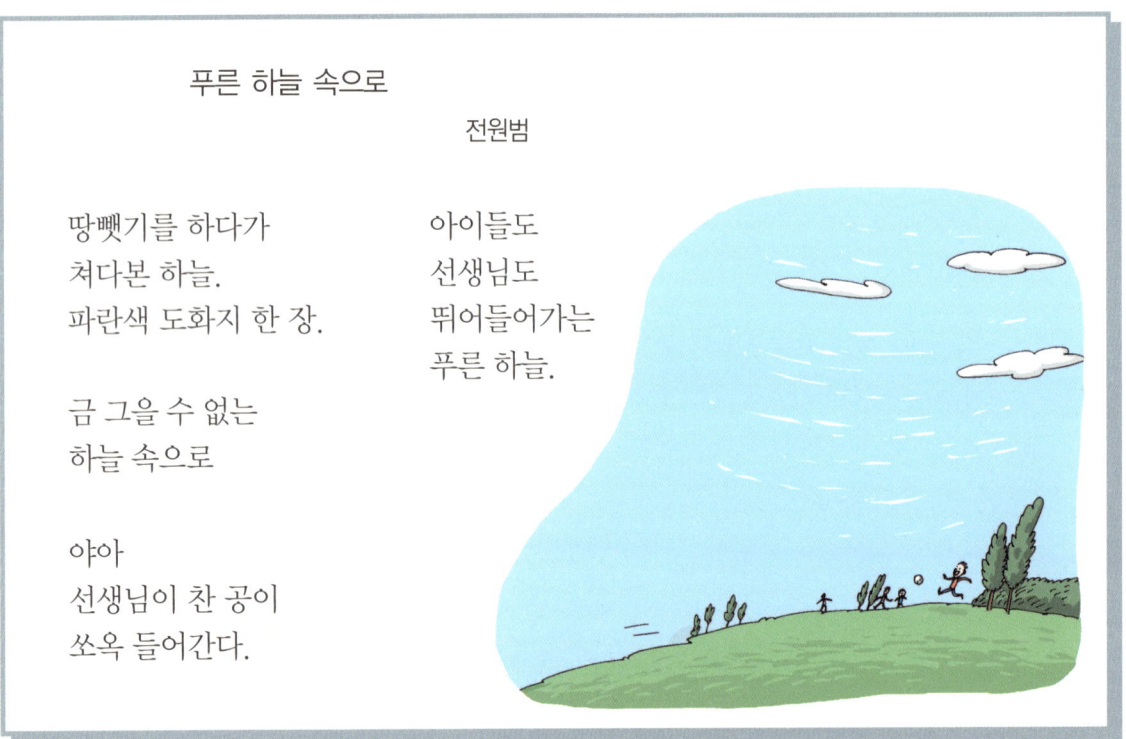

푸른 하늘 속으로

전원범

땅뺏기를 하다가
쳐다본 하늘.
파란색 도화지 한 장.

금 그을 수 없는
하늘 속으로

야아
선생님이 찬 공이
쏘옥 들어간다.

아이들도
선생님도
뛰어들어가는
푸른 하늘.

▌내가 찾은 인상 깊은 표현은 무엇입니까?

- 하늘을 '파란색 도화지'로 표현한 것이 재미있어.
- 난 마지막 연! 푸른 하늘로 아이들도 선생님도 뛰어들어간다는 표현이 인상 깊어.
- 내 생각엔 _____

시의 구성

- 시는 행과 연으로 구성되어 있습니다.
- 행은 한 줄을 말하고, 연은 몇 행을 한 단위로 묶어서 이르는 말입니다.

담쟁이넝쿨

김진광

무척 궁금한가 봐
누구한테서
편지가 왔는지.

담쟁이넝쿨이
발돋움으로
대문의 편지 통을
들여다보고 있다.

일 학년 아이들처럼
손가락으로
더듬더듬
글자를 읽고 있다.

2. 담쟁이넝쿨을 무엇에 비유하였습니까?

3. '담쟁이넝쿨이 발돋움으로 대문의 편지 통을 들여다보고 있다.'고 한 까닭은 무엇입니까?

4. '손가락으로 더듬더듬 글자를 읽고 있다.'에서 손가락이 표현한 것은 무엇입니까?

5. '담쟁이넝쿨'에서 새로운 표현이나 재미있는 표현, 경험에 비추어 공감할 수 있는 표현을 찾아봅시다.

여러 가지 비유법

> 비유에는 여러 가지 방법이 있습니다. 아래 〈보기〉와 같이 적절한 비유를 써서 문장을 바꾸어 봅시다.

1 직유법 – 비슷한 사물이나 인상을 직접 빗대어 나타내는 방법.

보기 ▶
나비가 날아다닌다. → 나비가 꽃잎같이 바람에 흔들린다.
→ 바람에 흔들리는 꽃잎 같은 나비.

🐙 어떤 모습이나 행동을 '~같이', '~처럼', '~인 듯' 등을 붙여서 빗대어 나타냅니다.

(1) 파도가 밀려온다. → 파도가 _____ 같이 밀려온다.
→ _____

(2) 햇살이 따스하다. → 햇살이 _____ 처럼 따스하다.
→ _____

(3) 동생은 재주가 많다. → 동생은 _____ 처럼 재주가 많다.
→ _____

2 의인법 – 사람이 아닌 것을 사람인 것처럼 나타내는 방법.

보기 ▶
나비가 바람에 흔들리는 꽃잎 같다. → 나비가 바람에 흔들리는 꽃잎같이 춤을 춘다.
→ 바람에 흔들리는 꽃잎같이 춤을 추는 나비.

🐙 동물이나 사물을 사람처럼 생각하고 말하고 행동하는 것처럼 나타냅니다.

(1) 새들이 지저귄다. → 새들이 _____
→ _____

(2) 나뭇잎이 흔들린다. → 나뭇잎이 _____
→ _____

(3) 바람이 분다. → 바람이 _____
→ _____

시를 감동적으로 나타내는 방법

- 표현하려는 것을 다른 대상에 빗대어 나타냅니다.
- 문장의 순서를 바꾸는 등으로 지루하지 않게 변화를 줍니다.
- 표현하려는 것을 반복하거나 대조하는 등으로 강조합니다.

3 은유법 – 비유하는 대상의 상태나 움직임을 암시적으로 나타내는 방법.

보기 ▶
나비 → 나비는 바람에 흔들리는 꽃잎.
봄 → 봄은 수줍은 새색시의 볼.

직유법에서 다리 구실을 하는 연결어(~같이, ~처럼, ~인 듯)를 빼면 은유법이 됩니다. '~은(는) ~이다'로 나타냅니다.

(1) 겨울 하늘 → 겨울 하늘은 _____

(2) 내 마음 → 내 마음 _____

(3) 엄마 → 엄마는 _____

4 의성법과 의태법 – 생생하게 표현하려고 소리나 모양을 흉내 내는 방법.

보기 ▶
바람 소리가 들린다. → 바람 소리가 휭휭 들린다.
　　　　　　　　　→ 바람 소리 휭휭.
나비가 날아간다. → 나비가 나풀나풀 날아간다.
　　　　　　　　→ 나풀나풀 춤추는 나비.

사물의 소리를 그대로 본뜨거나 사물의 모양이나 행동을 보이는 대로 나타냅니다. 흉내말을 잘 쓰면 시의 느낌도 생생해지고 운율도 느낄 수 있게 해 줍니다.

(1) 귀뚜라미 소리가 들린다. → 귀뚜라미 소리가 _____ 들린다.
　　　　　　　　　　　　　→ _____

(2) 빗소리가 밤새 들린다. → 빗소리가 _____ 밤새 들린다.
　　　　　　　　　　　　→ _____

(3) 아이들이 놀고 있다. → 아이들이 _____ 놀고 있다.
　　　　　　　　　　　→ _____

동시 쓰기

다른 시를 감상하면서 나도 시인이 되어 볼까요? 비유적인 표현으로 시를 써 봅시다.

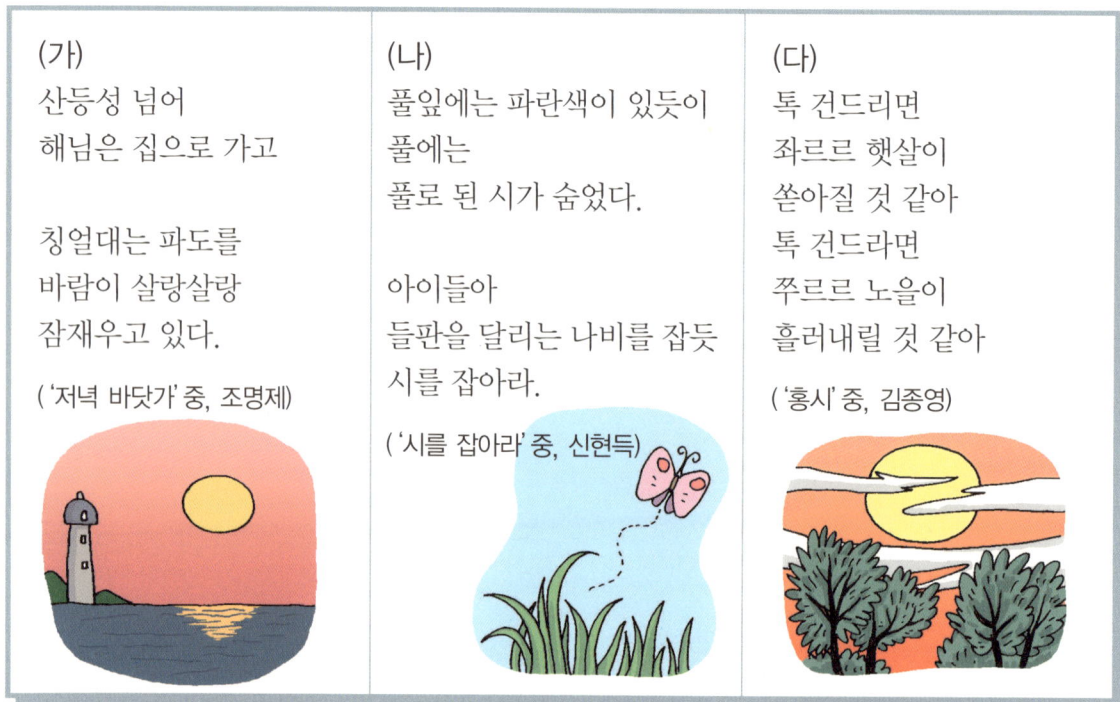

(가)
산등성 넘어
해님은 집으로 가고

칭얼대는 파도를
바람이 살랑살랑
잠재우고 있다.

('저녁 바닷가' 중, 조명제)

(나)
풀잎에는 파란색이 있듯이
풀에는
풀로 된 시가 숨었다.

아이들아
들판을 달리는 나비를 잡듯
시를 잡아라.

('시를 잡아라' 중, 신현득)

(다)
톡 건드리면
좌르르 햇살이
쏟아질 것 같아
톡 건드리면
쭈르르 노을이
흘러내릴 것 같아

('홍시' 중, 김종영)

(1) 시를 읽고 비유적 표현과 흉내말을 찾아봅시다. 내가 시인이라면 어떻게 표현했을지 바꾸어 봅시다.

	비유적 표현	내가 시인이라면?
(가) 저녁 바닷가	• 해님은 집으로 가고 • 칭얼대는 파도를 바람이 살랑살랑 잠재우고 있다.	• 해님은 나들이 가고 • 심심한 파도에게 바람이 소곤소곤 이야기한다.
(나) 시를 잡아라		
(다) 홍시		

🌸 **동시란?**
- 행과 연으로 이루어집니다.
- 노래하는 것 같은 운율이 있습니다.
- 짧은 말에 많은 뜻이 담기도록 씁니다.

2 다음 〈보기〉처럼 생활 속 경험이나 소재를 골라 동시를 지어 봅시다.
특히 비유적인 표현이 많이 들어가도록 써 봅시다.

	보기	시인이 되어 쓰기
생활에서 인상 깊었던 경험이나 소재	동생이랑 싸운 일, 학교에서 악기 시험 본 일, 비가 와서 기분이 이상했던 일 등.	
내가 고른 글감	악기 시험 본 일.	
내 생각이나 느낌	떨렸지만 재미있었다. 친구들의 악기 소리가 마치 서로 잘났다고 떠드는 소리 같았다.	
줄글로 쓴다면	학교에서 리코더 악기 시험을 보았다. 쉬는 시간에는 연습하느라 장터처럼 시끄러웠다. 잘난 체하는 거 같기도 했다. 뻠뻠거리는 소리를 내며 무사히 시험을 보았다. 지나가는 사람들이 복도에서 우리를 구경했는데 쑥스럽기도 하고 자랑스럽기도 했다.	
동시의 특징을 생각하여 다듬기	악기 시험 보는 날 명순이는 뻠뻠 기훈이는 삐리릭 너도 나도 잘났다고 자랑하네. 쉬는 시간은 시골 장터 공부 시간은 도서관 내 마음은 쿵쾅쿵쾅 천둥 소리 (중략)	

운율이란?

- 시에서 운율을 살리는 일은 중요합니다. 운율이란 시에서 느껴지는 리듬입니다.
- 운율을 살리기 위해서는 재미있는 표현법을 반복적으로 쓰거나 글자 수를 조절하기도 합니다.

3 동시의 특징을 생각하여 잘 다듬었습니까? 고칠 곳이 없는지 살피면서 어울리는 제목을 붙여 동시를 완성해 봅시다.

아래 질문에 내 글을 비교해 가며 다듬어 봅시다.
- 행과 연은 잘 나누었나요?
- 비유적인 표현을 적절히 썼나요?
- 노래하는 것처럼 리듬이 느껴지나요?
- 없어도 상관없는 단어나 글이 있나요?
- 다른 사람이 쓴 동시와 비슷하지 않나요?
- 제목은 내용과 잘 어울리나요?
- 내용과 상관없는 이야기가 있나요?

분류와 분석

분류는 여러 가지 대상이나 생각을 공통적인 특성에 근거하여 나누는 것입니다. 분석은 설명하려는 대상을 단순한 요소나 부분으로 나누어 가는 과정입니다. 분류와 분석은 주로 설명하는 글이나 자신의 생각을 논리적으로 펼 때 사용합니다. 분류와 분석 방법으로 글쓰기를 해 봅시다.

학습 목표
1. 분류와 분석의 개념을 알 수 있다.
2. 분류와 분석으로 글쓰기를 할 수 있다.

분류의 개념

▌ 다음 자료를 보고 물음에 답해 봅시다.

▌ 이 자료를 일정한 기준으로 나눈다면 어떻게 나눌 수 있습니까? 기준을 정해 봅시다.

분류란?

- 여러 가지 대상이나 생각을 일정한 기준으로 모으고 나누는 것을 '분류'라고 합니다. 즉, 대상이나 생각의 종류를 나누는 것입니다.
- 같은 대상이라도 분류 기준을 어디에 두느냐에 따라 내용이 달라질 수 있습니다.

2 이 자료를 아래 정한 기준에 따라 분류해 봅시다. 또 어떤 기준으로 분류할 수 있습니까? 내가 정한 기준으로 분류해 봅시다.

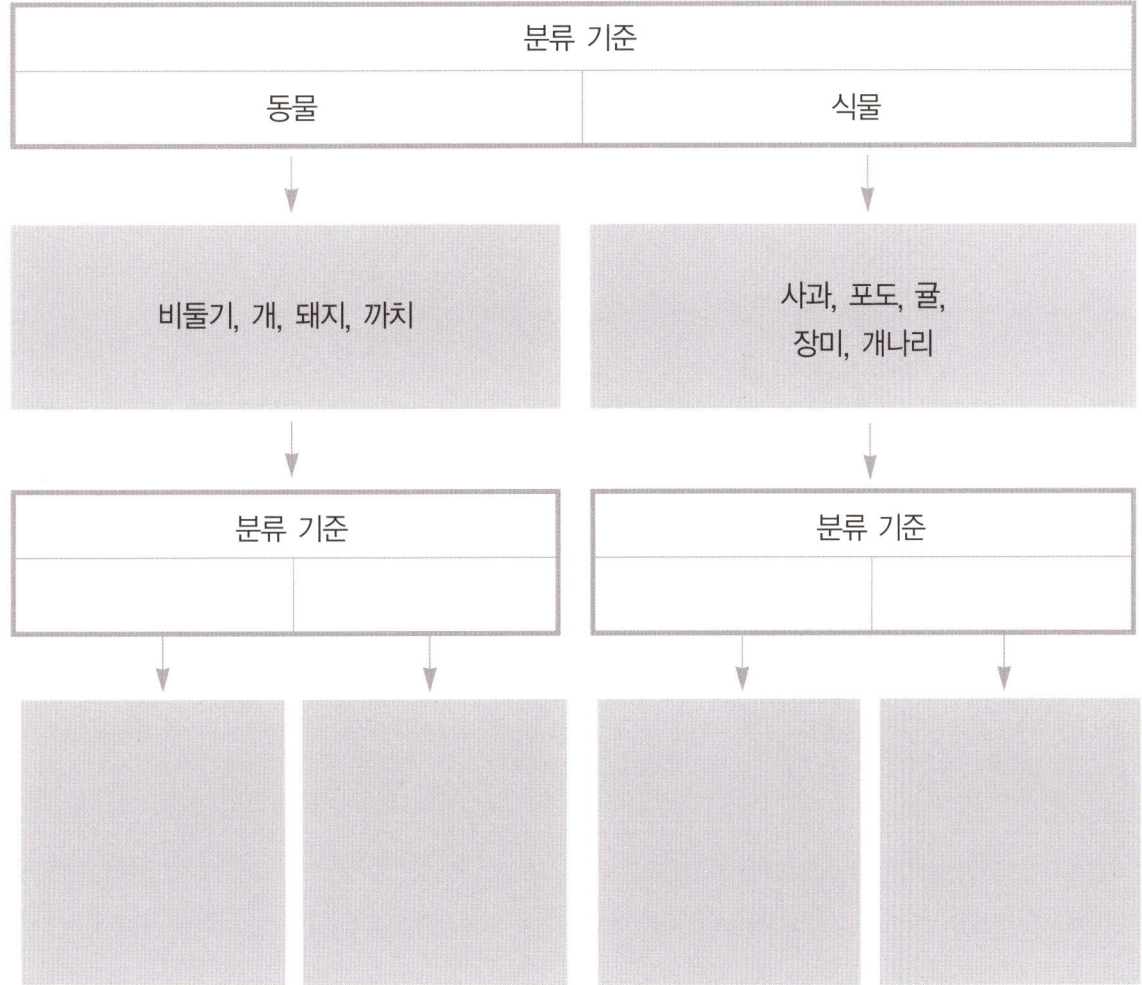

3 위에서 분류한 내용 중에 한 가지를 골라 한 단락의 글로 써 봅시다.

분석의 개념

▍다음 자료를 보고 물음에 답해 봅시다.

식물은 꽃, 잎, 줄기, 뿌리 그리고 열매로 구성되어 있다.
꽃은 열매나 씨를 만들어 대를 이어 간다. 꽃의 꿀은 곤충의 먹이가 된다. 잎은 광합성 작용으로 양분을 만든다. 또한 산소를 내뿜고 이산화탄소를 흡수한다. 줄기는 잎, 꽃, 열매를 붙이고 몸을 지탱해 주는 역할을 한다. 물에 녹은 무기 양분, 잎에서 생산한 영양분의 통로 기능을 해 주고 양분을 저장한다. 뿌리는 식물의 지지 작용을 하며 물의 흡수 작용을 한다. 또한 양분을 저장하는 역할도 한다. 열매는 식용으로 쓰이거나 씨를 퍼뜨려 번식하기도 한다.

▍위의 자료는 무엇의 구조를 나누어 설명했습니까?

분석이란?
- 복잡한 하나의 대상을 단순한 요소나 성질로 나누는 것을 '분석'이라고 합니다.
- 대상을 항목 또는 일의 순서나 특징에 따라 나눌 수 있습니다.
- 서로 연관된 여러 부분으로 이루어진 대상을 설명하는 데 효과적입니다.

2 식물의 열매를 분석한다면 어떻게 나누어집니까?

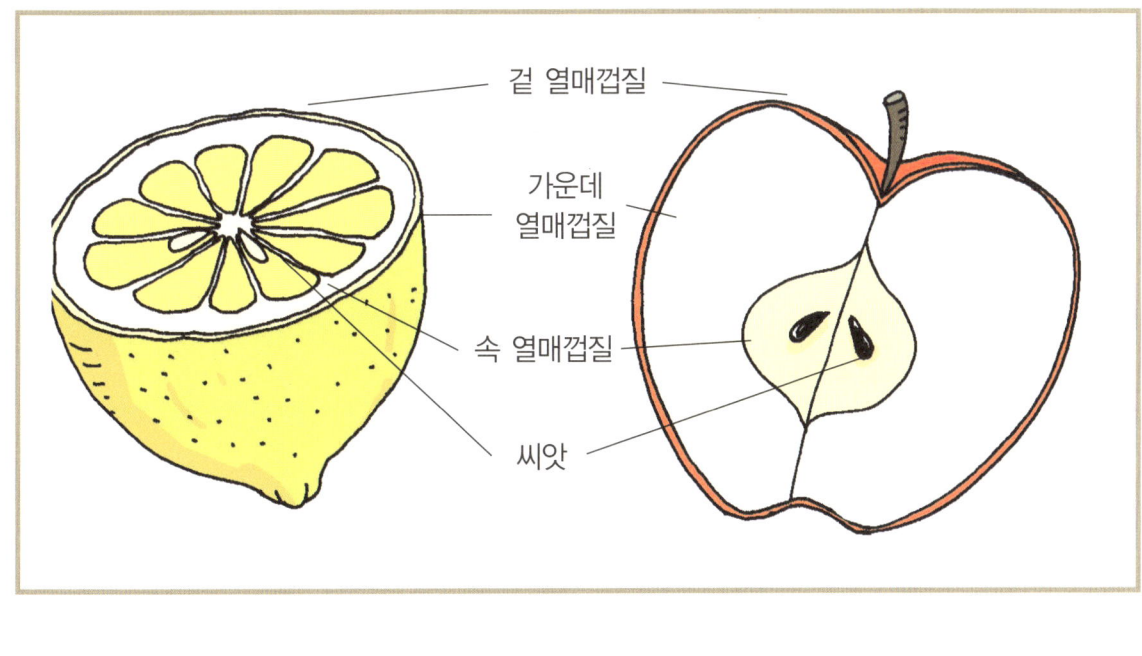

3 위에서 분석한 내용을 한 단락의 글로 써 봅시다.

분류와 분석으로 글쓰기

구분	종류	내용	구조
동물	척추동물 (척추가 있는 동물)	잉어, 개구리, 개, 다람쥐, 토끼 등	물고기의 몸 구조
	무척추동물 (척추가 없는 동물)	지렁이, 해파리, 소라, 사슴벌레 등	
식물	꽃이 피는 식물	해바라기, 목련, 무궁화, 제비꽃 등	무궁화의 구조
	꽃이 피지 않는 식물	갈대, 우산이끼, 고사리 등	

1. 다음 자료를 보고 물음에 답해 봅시다.

(1) 무엇을 기준으로 분류했습니까? 분류 기준을 중심으로 한 단락의 글로 써 봅시다.

----

(2) 한 가지를 선택하여 분석하는 글을 써 봅시다.

분류와 분석을 위한 자료 수집

- 분류나 분석으로 글을 쓰기 위해서는 자료 수집이 중요합니다.
- 자료 수집은 책이나 신문기사, 사전, 인터넷, 전문가의 의견 등을 통해 할 수 있습니다.

2 분류와 분석 방법으로 글쓰기를 하려고 합니다. 어떤 방법으로 무엇을 설명할지 정하여 봅시다.

(1) 설명할 제재를 정하여 봅시다.

----

(2) 어떤 방법으로 무엇을 설명할지 정하여 봅시다.

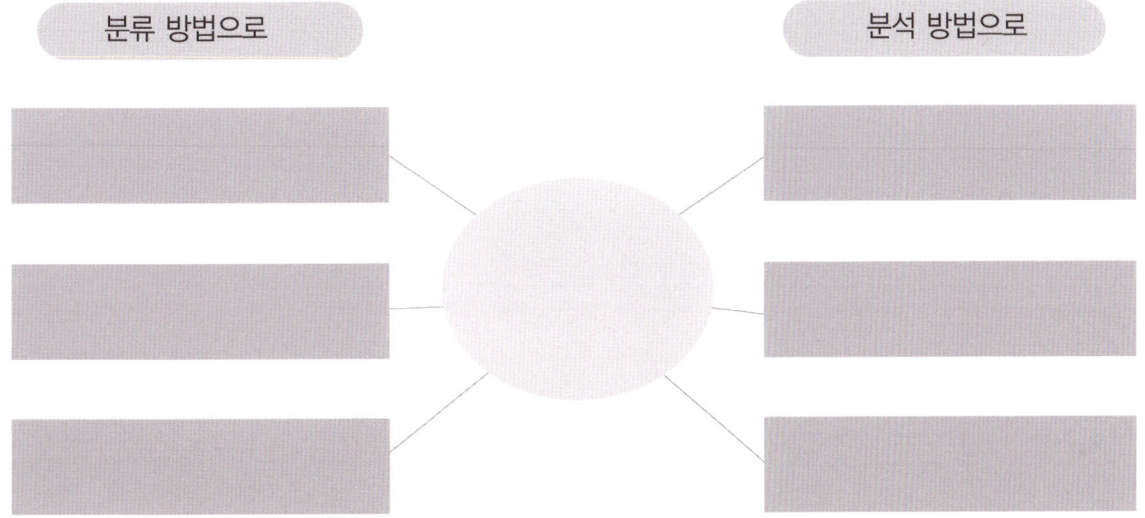

분류나 분석으로 글쓰기

- 첫째, 분류나 분석 기준을 정합니다.
- 둘째, 정한 분류나 분석 기준에 따라 자료를 수집하고 정리합니다.
- 셋째, 분류나 분석 기준에 따라 정리한 내용을 묶어 글쓰기를 합니다.

3 앞 쪽에서 분류하고 분석한 내용을 바탕으로 설명하는 글쓰기를 해 봅시다.

- 글쓰기를 할 때 중심 문장과 뒷받침 문장의 형식이 되도록 써요.
- 중심 문장이란 글의 중심이 되는 생각이 드러나는 문장입니다.
- 뒷받침 문장은 중심 문장을 보조해 주는 문장으로 중심 문장을 자세하게 풀이해 줄 때 씁니다.

묘사하는 글쓰기

묘사는 어떤 대상에 대한 자신의 느낌을 그림을 그리듯이 생동감 있고 자세하게 표현하는 것입니다. 먼저 대상을 잘 관찰하고 대상의 특징을 잘 살려서, 실감 나는 묘사로 글을 적어 봅시다.

학습 목표
1. 묘사 대상에 따라 묘사 방법을 정할 수 있다.
2. 비유법을 활용하여 묘사할 수 있다.
3. 순서를 정해서 묘사할 수 있다.
4. 전체에서 부분으로 묘사할 수 있다.
5. 인상적인 부분을 찾아서 묘사할 수 있다.

생각을 열어요

묘사 대상 정하기

> 묘사 대상에 따라서 묘사 방법이 달라집니다. 묘사 대상에는 어떤 것들이 있는지 알아봅시다.

난 움직이지 않는 물건을 묘사하고 싶어. 움직이지 않고 가만히 있으니 자세히 관찰하고 묘사하기가 쉬울 거야. 그런데 움직이지 않는 물건을 묘사할 때는 어떤 방법을 사용하는 것이 좋을까?

나는 아름다운 배경을 묘사하고 싶어. 얼마 전에 사진으로 본 멋진 풍경을 너에게 말해 주고 싶은데 어떻게 표현해야 할지 모르겠어.

나는 내 눈에 보이는 건 다 묘사해 보고 싶어. 아침에 등굣길에서 본 모습들을 다 묘사해서 엄마에게 들려주면 무척 신기해 하실 거야.

나는 내 얼굴을 묘사해 보고 싶어. 셀프 카메라처럼 내 얼굴을 묘사해 보고 싶은데 내 얼굴의 인상적인 부분을 묘사하는 게 좋을지, 머리에서부터 턱까지 순서대로 묘사하는 게 좋을지 고민이야.

묘사 대상
- 인물
- 정물 (꽃이나 과일 등 움직이지 않는 대상)
- 움직이는 대상

1. 움직이지 않는 묘사 대상에는 어떤 것이 있습니까? 그중에서 자신이 묘사하고 싶은 대상을 정해 봅시다.

   바나나 , 딸기, 오렌지 , _____

   "나는 _____ 를 묘사해 보고 싶어요."

2. 거울을 보면서 자신의 얼굴을 관찰해 봅시다. 얼굴형이나 코와 눈, 입과 귀도 자세히 살펴보세요. 다른 사람의 얼굴과는 다른 특징이 있습니까?

   "나는 _____ 것이 다른 사람들과는 달리 특이해요."

3. 아름다운 배경을 본 적이 있다면 그 장면을 떠올려 봅시다. 산이나 강가 혹은 바닷가일 수도 있고 드넓은 벌판에 꽃들이 피어 있는 사진도 좋습니다.

   " 내가 본 아름다운 배경은 _____ 가 있고 _____ 도 있는
   아름다운 _____ 이었어요."

4. 눈에 보이는 것 모두를 묘사하기는 어렵습니다. 아침 등굣길의 모습을 묘사해 보고 싶다면 먼저 거리 지도를 그려 봅시다. 집에서부터 학교까지 지도를 그린 후 발걸음을 따라서 내가 본 것들을 떠올려서 적습니다.

사물과 인물 묘사하기

움직이지 않는 대상을 묘사할 때는 비유법을 활용하여 실감나게 묘사해 봅시다.

"길고 노란 바나나에서는 달콤한 냄새가 나고 만져 보니 매끄러워요."라고 말한다면 바나나를 보지 못한 사람은 바나나의 모양을 제대로 상상하기 어렵습니다. 비유법을 활용하여 실감 나게 바나나의 모습을 표현해 봅시다.

(1) 바나나가 어떻게 생겼습니까? 연필로 밑그림을 그리듯이 구체적으로 표현해 봅시다.

　　바나나의 모양은 마치 _____ 처럼 길고 _____ 해요.

(2) 무슨 색깔입니까? 그냥 노랗다고 하지 말고 적절한 비유법을 활용해 봅시다.

　　바나나의 색깔은 _____ 같이 노랗고 _____ 해요.

(3) 가까이에서 냄새를 맡아 봅시다. 어떤 향기가 납니까?

　　음, 향기를 맡아 보니 _____ 처럼 _____ 하고 먹고 싶어져요.

(4) 바나나를 만져 봅시다. 어떤 느낌이 듭니까?

　　손으로 만져 보니 느낌이 _____ 듯이 _____ 해요.

(5) 바나나를 한 입 먹어 봅시다. 어떤 맛이 납니까?

　　입 안에 가득히 바나나의 향기가 나요. 바나나 맛이 마치 _____ (하는) 것 같아요.

(6) 이제 비유법을 활용하여 바나나를 실감 나게 묘사해 봅시다.

_____

_____

묘사의 종류

- 객관적 묘사(과학적 묘사) – 묘사하고자 하는 대상을 있는 그대로 사실적으로 표현합니다.
- 주관적 묘사(인상적 묘사) – 대상을 눈에 보이듯이 자신의 느낌대로 표현하는데, 주로 비유법을 활용하여 대상을 표현합니다.

2 자신의 얼굴을 자세하게 살펴보고 특징을 파악한 후, 머리에서부터 턱까지 순서대로 자신의 얼굴을 묘사해 봅시다.

(1) 내 얼굴은 _____ 형으로 생겼어요. 그래서 처음에 봤을 때는 _____ 느낌이 들어요.

(2) 내 이마는 _____ 생겼고, (넓은/ 좁은/ 보통인) 편이에요.

(3) 내 눈은 _____ 생겼고, 속눈썹은 _____ ,

눈동자의 색은 _____ 색이라서 _____ 느낌이 들어요.

(4) 내 코는 _____ 생겼고, 콧구멍은 _____ 모양이에요.

(5) 내 입술은 모양이 _____ 고, 색깔이 _____ 색이에요.

(6) 내 턱은 _____ 하게 생겨서 나는 _____ 다고 생각해요.

(7) 이제 내 얼굴을 한 번 더 살펴보고 종이에 그림을 그리듯이 얼굴 모양을 그리고 눈, 코, 입 등을 그림 그리듯이 순서대로 묘사해 봅시다.

_____

_____

배경과 공간 묘사하기

사진을 찍듯이 눈에 보이는 배경을 글로 묘사해 봅시다. 배경을 묘사할 때는 전체의 모습에서 부분으로 묘사합니다. 객관적으로 눈에 보이는 모습도 묘사를 해야 하지만 자신의 감정이 섞인 주관적인 묘사도 필요합니다.

(1) 읽는 사람이 상상할 수 있도록 이곳이 어떤 곳인지 전체적인 느낌을 적어 봅시다.

------

(2) 근처에 나무가 보입니다. 나무의 색깔은 어떤지, 나무가 서 있는 모습은 어떤지 비유법을 활용하여 적어 봅시다.

------

(3) 그림의 가운데 있는 오솔길의 모습을 구체적으로 묘사해 봅시다.

------

(4) 자, 이제 그림 속의 아름다운 풍경을 전체 모습에서 부분으로 시선을 옮겨가며 묘사해 봅시다.

묘사의 방법

- 비유법을 활용하여 묘사하기
- 전체에서 부분으로 묘사하기

2 공간을 이동하면서 눈에 보이는 것들을 묘사해 봅시다. 공간을 이동하면서 묘사를 할 때는 눈에 보이는 것 모두를 묘사할 수는 없기 때문에 인상적인 부분들의 모습을 찾아서 묘사해야 합니다.

(1) 묘사 대상 떠올리기

눈을 감고 아침에 집을 출발해서 학교까지 가는 등굣길을 떠올려 봅시다.
어떤 것들이 떠오릅니까? 지도를 그려서 정리해 봅시다.

(2) 떠올린 대상을 묘사하기

(예) 집을 나서면 제일 먼저 나무가 보여요. 요즘은 잎이 아주 푸르고 무성하지요. 은행 부근까지 가면 친구 동건이를 만나기도 해요. 동건이는 착하게 생겼는데 특히 웃을 때 눈웃음이 매우 인상적인 친구예요.
　학교에 다 와 가면 슈퍼마켓이 있는데, 늘 학생들로 붐비고 있어요. 슈퍼마켓 앞에는 내가 좋아하는 게임기가 있지만 학교에 늦을까 봐 못 본 척하고 그냥 지나치지요. 이제 학교가 보이기 시작해요. 우리 학교는 회색 건물이라 아침에 보면 추워 보이기도 해요.

등굣길 묘사하기 :

묘사하기

- 묘사하기는 다른 말로 '그림 그리듯 표현하기'라고 할 수 있습니다. 어떤 대상을 붓으로 그림을 그리듯이 표현하는 것입니다. 미술에서의 정물화와 비슷합니다. 미술에서 묘사는 눈에 보이는 대로 자세하게 표현하기만 하면 되지만 글쓰기에서의 묘사는 대상의 모습뿐 아니라 향기와 감촉, 느낌까지 읽는 사람이 실감나게 느낄 수 있도록 표현되어야 합니다.

3 지금까지 묘사한 것을 바탕으로 가족 사진을 한 장 붙이고 묘사하는 글을 적어 봅시다.

```
┌─────────────────────────────────────────┐
│                                         │
│                                         │
│              가족 사진 붙이는 곳           │
│                                         │
│                                         │
└─────────────────────────────────────────┘
```


기사 쓰기

신문은 사회에서 일어나는 새로운 소식을 우리에게 전해 주는 매체입니다. 신문에 기자들이 적는 글을 **기사문**이라고 합니다. 지금부터 기사문에 대해서 알아보고 우리도 신문 기자가 되어 기사문을 적어 봅시다.

학습 목표
1. 기사 거리를 찾을 수 있다.
2. 기사문의 형식을 알 수 있다.
3. 기사문을 쓸 수 있다.

알리고 싶은 내용 정하기

1 신문 기자가 되어서 멋진 기사문을 적으려면 먼저 어떤 내용을 알리고 싶은지 정해야 합니다. 나에게 일어난 일이나 내 주변에서 일어난 일들을 곰곰이 생각해 봅시다.

(1) 지난 1년 동안에 겪었던 일들을 떠올려 봅시다. 나에게는 어떤 일이 생겼습니까?

------

(2) 우리 가족에게 일어난 일들 중에 기억에 남는 사건이 있었나요?

------

(3) 학교생활을 떠올려 봅시다. 선생님과 친구들에게 무슨 일이 있었나요?

------

(4) 위의 일들 말고 특별히 기억에 남는 일이 있다면 적어 봅시다.

------

2 알리고 싶은 내용을 정했으면 자료를 수집해야 합니다.

	알리고 싶은 내용	관련된 자료	자료 수집 방법
보기	예) 독서 퀴즈 대회에서 장려상을 받았던 일	독서 퀴즈 대회 준비 과정 필독서 목록 퀴즈 내용 시상 결과	일기나 메모 (기록) 친구들에게 물어봄 (면담) 학교 홈페이지 검색 선생님께 질문 (면담)

🧩 **자료 조사와 수집**

- 정확한 기사문을 적기 위해서는 자료 조사와 수집이 중요합니다. 자료를 수집하는 방법에는 여러 가지가 있습니다. 정보를 가지고 있는 사람을 직접 만나서 이야기를 듣는 '면담'도 있고, 관련된 인터넷 홈페이지를 검색하는 방법도 있습니다. 그리고 자신의 경험을 곰곰이 되살려 기억을 떠올리고 일기나 메모 등의 기록들을 참고해야 합니다.

3 기사문을 작성하기 위해 기사문의 구성을 살펴봅시다.

표제 (헤드라인)	작품 팔아 이웃 돕는 아름다운 황혼
부제	"어려운 노인들 우리가 돕겠습니다." 작품 판매 수익금으로 독거노인 돕는 마포 노인종합복지관 회원들
사진	
본문 기사	서울 지하철 6호선 광흥창역을 오가는 이들은 요즘 눈과 귀뿐 아니라 마음까지 즐겁다. 지하철역에 들어서는 순간 어린 시절 즐겨 부르던 동요를 연주하는 아코디언 소리가 은은히 울려 퍼지고 개찰구를 들어서면 풍성한 가을 풍경을 담은 그림과 시를 일필휘지로 내리쓴 서예 작품, 따스함이 느껴지는 뜨개질 작품이 반갑게 맞이하기 때문이다. 이달 말까지 이어지는 이 전시회는 '어르신과 함께하는 아름다운 가을 문화 축제'로 마포노인종합복지관 회원 40여 명이 서예, 미술, 손뜨개 등 다양한 작품을 출품했다. 출품자 중 최고 연장자로 멋진 손뜨개 스웨터를 내놓은 양춘환(83·서울 아현3동)씨는 "치매에 좋다고 고스톱을 좋아하는데 뜨개질이 더 도움이 되고 생산적"이라며, "여기 나온 작품들을 팔아 홀로 사는 노인을 돕기로 해 더욱 신이 난다."고 어깨춤을 췄다. 양씨는 작품을 사기가 버거운 이들을 위해 소품도 준비했다며 아크릴사로 뜬 수세미를 보여주기도 했다. 2000년부터 해마다 가을 전시회를 열어온 회원들은 지난해부터 전시 작품 판매와 가훈 써주기 등을 통해 모은 성금으로 어려운 지역 노인들을 돕고 있다. 마포 부녀복지관 조희정 부장은 "한해 수익금은 100만원 남짓으로 큰돈은 아니지만 어르신들께서 스스로 자신보다 좀 더 어려운 노인들을 돕겠다고 나선 것이라서 고맙게 받고 있다."고 말했다. 이번 전시회 수익금은 마포 지역 1000명의 홀로 사는 노인을 돕는 '독거 어르신께 따뜻한 겨울을 선물해 주세요.'란 복지관의 프로그램에 보탤 계획이다. 〈국민일보〉

표제와 부제, 본문 구성하기

표제는 기사문의 구성에서 기사의 제목과 같습니다. 독서 퀴즈 대회에서 수상한 내용을 기사문으로 만들기 위해서 표제를 적는다면 다음과 같은 여러 가지 방법으로 적을 수 있습니다.

(1) 가장 중심이 되는 사건과 관련된 단어로 구성합니다.

> 꾸준한 독서의 결과 장려상 수상의 영광으로!

① 내가 기사문으로 적고 싶은 내용에서 중심이 되는 단어는
_____ 와 _____ , _____ 입니다.

② 위의 단어들로 표제를 만들어 봅시다.

----

(2) 읽는 사람이 궁금해 할 만한 내용으로 표제를 만들어 봅시다.

> 교내 독서 퀴즈 대회 수상의 영광은 누구에게로?

----

(3) 적절한 비유법을 사용하여 표제를 만들어 봅시다.

> 00 초등학교의 '떠오르는 별' 독서왕에 등극하다.

기사문의 구성

- 표제 : 기사의 제목으로 중심 내용을 씁니다.
- 부제 : 기사문의 간단한 요약으로 한눈에 기사문의 내용을 짐작할 수 있도록 씁니다.
- 본문 : 육하원칙에 의해서 사실적이고 공정한 내용을 써야 합니다.
- 사진 : 사진이나 자료가 있으면 첨부하고 밑에 해설을 적도록 합니다.

2 이번에는 부제를 적어 봅시다.
부제는 표제 아래에 적는데 기사의 내용을 짐작할 수 있도록 적습니다.

| 보기 | 지난 4월에 열린 교내 독서 퀴즈 대회에서 수상의 영예를 안은 ○○○ 양, 평소 꾸준한 독서로 실력을 쌓은 것이 수상의 비결이라고 수상 소감을 밝혀서 주위의 부러움을 사기도 했다. |

🐙 부제를 적기 위해서 내가 쓸 기사문의 중심이 되는 내용을 요약하여 정리한다고 생각해 봅시다.

(1) 기사의 가장 중심이 되는 사건은 무엇인가요?

------

(2) 독자의 관심을 끌 만한 내용에는 무엇이 있나요?

------

(3) 위의 내용들을 잘 정리하여 부제를 적어 봅시다.

신문 기사를 만드는 과정

- 알리고 싶은 내용 정하기 → 자료 수집하기 → 기사 쓰기 → 지면 구성 계획하기 → 기사 배치하기
  → 편집하기 → 출력하기

3 기사문을 적을 때는 시간의 순서를 고려하여 알리고 싶은 내용을 자세하고 구체적으로 적습니다. 또한 객관적이고 공정한 입장에서 적어야 합니다. 기사문의 본문을 육하원칙에 맞게 정리해 봅시다.

(1) 누가 :

(2) 언제 :

(3) 어디서 :

(4) 무엇을 :

(5) 어떻게 :

(6) 왜 :

4 위에서 정리한 내용을 바탕으로 전달 효과를 고려하면서 기사문을 적어 봅시다. 육하원칙이 반드시 한 문장 안에 다 들어갈 필요는 없습니다. 두세 문장으로 나누어서 적어도 괜찮습니다.

기사문 쓰기

표제와 부제, 기사문까지 완성이 되었으면 이제 사진과 함께 지면을 구성하고 기사를 배치해 봅시다. 사진의 위치와 글씨의 크기와 모양도 고려하여 편집합니다.

표 제 (헤드라인)	
부제	
사진	
본문 기사	

신문과 기사문

- 신문을 만들 때는 적절하게 기사문을 배치해야 합니다.
- 중요한 기사는 크게 만들어서 맨 앞에 싣고 내용이 적은 기사는 작게 만들어서 적당한 위치에 배치합니다.
- 신문에는 기사문 말고도 광고나 알리는 글, 네 칸짜리 만화 등도 있습니다.

2 기사문을 모아서 신문을 만들어 봅시다.

(좌우명)	(신문의 제목)	(날짜와 호수)
피할 수 없으면 즐겨라!	○○의 소식지	제1호 만든 날 : 2000년 0월 0일 만든 이 : ○○○

꾸준한 독서의 결과 장려상 수상으로

교내 독서 퀴즈 대회에서 수상의 영예를 안은 ○○○ 양, 평소 꾸준한 독서로 실력을 쌓은 것이 수상의 비결이라고.

지난 9월 20일 ○○초등학교에서 열린 교내 독서 퀴즈 대회에서 ○○○ 양이 장려상을 수상하는 영광을 차지했다. ○○○ 양은 가족과 친구들이 모두 인정하는 독서광이다. 평소에도 늘 책 읽는 것을 좋아하는 그녀가 가장 좋아하는 책은 역사책이라고 한다. ○○○ 양은 역사책은 과거의 일을 알 수 있게 해 주고 우리가 알지 못하는 조상들의 이야기를 들려주기 때문에 흥미롭다고 말한다.

○○○ 기자

(표제)

(부제)

(기사문)

(광고)

(알려드립니다)

○○ 초등학교에서는 10월 둘째 주 월요일에 독서 퀴즈 대회를 실시합니다. 세 권의 필독서를 읽은 ○○ 초등학교 학생이면 누구나 참가할 수 있습니다. 금상과 은상, 장려상 수상자에게는 상장과 문화 상품권이 수여됩니다.

감상 쓰기

독서 감상문은 책을 읽은 뒤 내 생각과 느낌을 쓰는 글입니다. 같은 책을 읽더라도 생각이나 느낌이 다르기 때문에 자신만의 생각을 기록해 두는 것입니다. 독서 감상문은 읽은 책의 내용을 잊지 않고, 감동을 오래 간직하려고 씁니다. 독서 감상문의 기본 짜임을 알고 독서 감상문 쓰기를 해 봅시다.

학습 목표
1. 독서 감상문 기본 짜임을 안다.
2. 감상을 표현할 수 있다.
3. 독서 감상문 쓰기를 할 수 있다.

책 내용 정리하기

1 감상문을 잘 쓰기 위해서는 먼저 책 내용을 파악하는 것이 중요합니다. 읽은 책 중에 가장 인상 깊게 읽은 책은 어떤 책입니까? 한 권을 골라 내용을 정리해 봅시다.

2 책 한 권을 골라 주요 사건과 등장인물에 대한 생각을 〈보기〉처럼 덧붙여 봅시다.

(1) 책의 주제는 무엇인가요?

보기	'루카-루카 (글 : 구드룬 멥스 / 출판사 : 풀빛)'를 읽고	
	주제	내 경험이나 생각 덧붙이기
	이성 간의 이별을 슬기롭게 극복하면 그만큼 성장하게 된다.	친구들 중에도 이성 친구를 사귀다가 헤어지는 경우가 있는데 그런 친구들이 읽으면 좋을 것 같다.

감상문을 잘 쓰려면?

- 내용을 정확히 알아야 합니다.
- 내 의견이나 생활과 비교하며 읽습니다.
- 느낌이나 생각이 떠오르면 메모를 합니다.

(2) 주요 사건에는 어떤 것들이 있나요?

	주요 사건	내 경험이나 생각 덧붙이기
보기 ▶	파니와 루카가 〈개구리 왕자〉 연극을 같이 하는 장면	서로 주인공을 맡아서 친해지게 된 것 같다. 연극이지만 남녀가 서로 뽀뽀하는 건 좀 심했다. 친구들이 놀리지 않았을까?
	사건 1	
	사건 2	
	사건 3	

(3) 주요 인물은 누구입니까?

	주요 인물	내 경험이나 생각 덧붙이기
보기 ▶	여자 주인공인 파니	이성 친구에 대한 솔직한 마음의 표현이 놀랍기도 하고 부럽기도 했다. 이별을 극복해 가는 과정에는 박수를 쳐 주고 싶었다.
	인물 1	
	인물 2	

감상문의 기본 짜임

> 감상문을 쓰기 위해 제목을 붙이는 일은 중요합니다. 제목은 책 제목이 아닌 내 글에 대한 제목입니다. 제목을 붙일 때는 몇 가지 방법이 있습니다.

주인공과 관련된 특징으로	주근깨 소녀의 사랑 이야기 '루카 - 루카'를 읽고
읽고 난 뒤의 느낌으로	상상 속 나라로의 즐거운 여행 '사자와 마녀와 옷장'을 읽고
중심 사건으로	크리스마스 이브에 생긴 일 '빨간 머리 앤의 크리스마스'를 읽고
주제로	인생은 짧고 예술은 길다 '태양을 훔친 화가 반 고흐'를 읽고

◎ 내가 선택한 방법 : --

◎ 내가 붙인 제목 : --

독서 감상문의 제목은 책 이름을 그대로 쓰는 것보다는, 글의 내용과 주제를 짐작할 수 있는 함축적인 내용이 담긴 제목으로 정하는 것이 중요합니다. 제목을 붙일 때는 글을 쓰기 전에 붙일 수도 있고 다 쓴 후에 붙일 수도 있습니다.

> 독서 감상문을 쓰는 방법에 대해 알아봅시다.

구성	들어갈 내용
처음	① 인상 깊은 장면이나 말 소개 ② 책 소개 및 작가 소개 ③ 책을 처음 보았을 때 생각과 다 읽은 후에 달라진 생각 등
가운데	① 간단한 줄거리와 느낌 ② 인상적인 부분과 내 생각 ③ 등장인물이나 사건에 대한 내 생각이나 경험을 비교 ④ 감동 받은 장면과 내 생각 ⑤ 주제에 대한 내 생각과 비판 등
끝	① 느낌이나 감동을 다시 정리 ② 아쉬운 점이나 바라는 점 ③ 깨달은 점과 결심 등

감상문 쓰기

생각을 펼쳐요

> 독서 감상문은 줄거리는 되도록 짧게 쓰고, 느낌과 생각은 전체적으로 들어가게 쓰는 글입니다. '처음 - 가운데 - 끝' 부분에 들어갈 내용을 구성하여 봅시다.

처음 부분 시작하기 여러 가지 방법 중 하나 혹은 둘을 선택하여 시작합니다.

◎ 인상 깊은 장면이나 말로 시작

"아주 좋은 느낌이었다. 갑자기 내 옷 속에서 개미 수천 마리가 간질이는 것 같았다."
"루카랑 함께 있게 되고부터 나는 어딘가 특별해졌다. 마음속이 통통해진 것 같았다. 루카와 나, 우리는 함께 통통한 시간을 보냈다."
이 말은 루카와 파니가 친해지면서 설레는 파니의 감정을 잘 드러낸 말이다.

◎ 책 소개 및 작가 소개로 시작

'루카-루카'는 이성에 눈을 뜬 사춘기 소년·소녀의 만남과 헤어짐에 관한 이야기이다. 작가 구드룬 멥스는 독일에서 가장 주목받는 어린이 책 작가 가운데 한 사람으로 우리나라에는 〈프리다〉,〈작별 인사〉,〈할머니 나랑 친구해요〉 등이 나왔다. '독일 청소년문학상', '오스트리아 어린이 상'을 비롯해 많은 상을 받았다.

◎ 책을 처음 보았을 때 생각과 다 읽은
   후에 달라진 생각으로 시작

이 책의 겉표지에는 파니와 루카가 손을 잡고 서로 바라보고 있는 그림이 그려져 있다. 맨 처음 겉표지를 보았을 때 둘이 남매인 줄 알았다. 그러다 책을 읽어 가며 왜 그러고 있는지 알게 되었다. 둘은 서로가 너무 좋아서 똑같은 안경을 쓰고 바라보고 있는 거였다.

◎ 나도 써 보자!

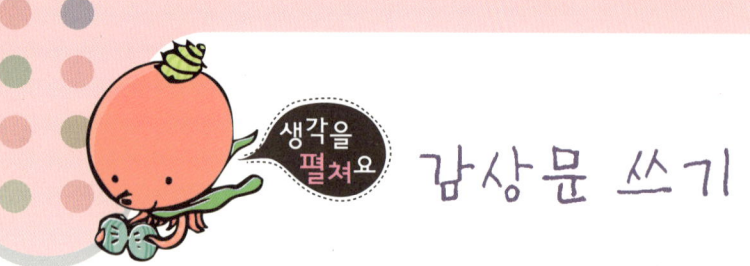

감상문 쓰기

2 가운데 부분 쓰기 여러 가지 방법 중 몇 가지를 선택하여 씁니다.

◎ 간단한 줄거리와 느낌

　이 책은 14세 소녀 파니의 사랑 이야기이다. 루카라는 소년을 만나 좋아하다가 여름 방학을 고비로 둘은 헤어지게 된다. 방학이 끝난 후 루카는 하이너라는 남자 친구와 더 친하게 된 것이다. 질투와 미움의 과정을 거치면서 파니는 성숙해진다. 이 책은 내가 파니가 된 듯 가슴 졸이며 읽었다. 좋아했던 친구도 떠올렸고 그때 그 느낌이 뭔지 표현하지 못했지만 만약 표현을 했다면 이런 말들이었겠다라는 생각도 했다.

◎ 인상적인 부분과 내 생각

　파니가 루카의 이상한 사진을 보고 정말 좋아하고 아끼는 부분이 있다. 솔직히 내가 보았을 때는 엽기적이고 못생긴 것 같은데 그걸 보고 좋아했던 파니가 더 이상한 것 같다. 얼마나 좋아했으면 그런 사진이 멋지게 보였을까? 도무지 이해가 안 된다. 나는 일단 멋지게 생겨야 호감이 가는데 파니는 그러지 않은 것 같다.

◎ 등장인물이나 사건에 대한 내 생각이나 경험을 비교

　루카가 새 친구 하이너와 놀이터에서 놀고 있는 것을 파니가 본 장면에서는 파니가 정말 안쓰럽다는 생각이 들었다. 얼마나 속상했을까? 나는 친구와 싸우기만 해도 속상한데 만약 내 친한 친구가 나 말고 다른 친구와 더 친하게 지내는 걸 본다면 무척 괴로울 것이다. 내가 파니였다면 하이너와 루카를 혼내 주고 싶었을 것이다.

◎ 나도 써 보자!

독서 감상문의 형식

- 느낌 중심의 독서 감상문 : 느낌과 생각이 전체적으로 다 들어가게 쓰는 방법입니다.
- 편지글 형식의 독서 감상문 : 작품의 인물이나 작가에게 쓸 수도 있고, 친구에게 책 소개글 형식으로 이야기하듯 씁니다.
- 시 형식의 독서 감상문 : 책을 읽고 난 감상이나 내용을 시 형태로 쓰는 방법입니다.

◎ 감동 받은 장면과 내 생각

　나중에는 루카와 똑같은 안경을 비밀리에 가지고 있던 파니가 루카 안경(빨간 테의 동그란 안경)을 쓰고 학교에 가면서 둘만의 비밀은 깨지게 된다. 똑같은 안경을 쓴다는 것은 더 이상 비밀이 아니기 때문이다. 그 장면에서 나는 통쾌한 기분이 들었다. 드디어 파니가 루카의 그늘에서 벗어나 당당하고 의젓한 소녀로 다시 태어나는 듯했다.

◎ 주제에 대한 내 생각과 비판 등

　이 책은 한 소녀, 바로 파니가 이성 친구 루카와의 만남과 헤어짐을 통해 성장하는 모습을 보여 주는 책이다. 어른들은 흔히 내 나이를 사춘기라고 하는데 사춘기에 들어서는 많은 친구들이 이 책을 읽고 이성 친구와의 관계, 만남 등에 많은 도움을 받았으면 좋겠다.

◎ 나도 써 보자!

 여러 가지 방법 중에 나에게 맞는 몇 가지 방법을 선택할 수 있습니다. 소개된 방법 외에 쓰고 싶은 감상이 있으면 다른 방법으로 써 봅니다.

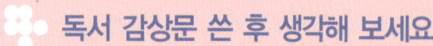

독서 감상문 쓴 후 생각해 보세요.

- '처음 – 가운데 – 끝'의 형식에 맞게 씁니다.
- 책의 주제나 인물의 성격, 사건에 대한 내 생각이 들어가게 합니다.
- 띄어쓰기, 맞춤법 등 정서법에 맞게 씁니다.

3 끝 부분 쓰기

◎ 느낌이나 감동을 다시 정리합니다.

　같은 반 남자 친구를 좋아하면서 겪는 파니의 마음 변화가 남의 이야기 같지 않았다. 책장을 덮었는데도 파니의 마음이 전해지는 듯하다.

◎ 아쉬운 점이나 바라는 점을 씁니다.

　이 책은 파니의 입장에서만 썼다. 이 내용을 루카의 입장에서 써 보면 더 재미있을 것 같다. 그러면 루카의 생각도 알 수 있기 때문이다. 내가 루카의 입장이 되어 글을 다시 써 보고 싶다는 생각이 들었다.

◎ 깨달은 점과 결심을 씁니다.

　"파니, 슬픔은 빨리 사라지지 않아. 모든 것은 기다려라. 나름의 시간이 필요하단다."는 엄마의 말씀처럼 파니는 서서히 성숙해질 것이다. 언젠가 나에게도 이런 사랑과 슬픔이 올 때 파니의 이야기가 생각이 날 것이다.

◎ 나도 써 보자!

사실과 의견 쓰기

사실이란 객관적인 상태나 현상을 있는 그대로 표현한 것을 말하고 **의견**은 어떤 사실에 대한 자신의 느낌이나 생각을 표현한 것을 말합니다. 사실과 의견을 구분해 보고 그것을 바탕으로 한 편의 글을 완성해 봅시다.

학습 목표
1. 사실과 의견을 구분할 수 있다.
2. 사실과 의견을 바탕으로 글쓰기를 할 수 있다.

사실과 의견 알아보기

1. '책'에 대해 알고 있는 사실을 모두 적어 봅시다. 나는 책에 대해 얼마나 알고 있습니까?

   (1) 책은 _____ 이다.

   (2) 책은 _____ 부터 만들어졌다.

   (3) 책은 _____ (을) 위해서 읽는다.

   (4) 책은 _____ 로 만들어졌다.

   (5) 책은 영어로는 _____ 라고 하며, 한자로는 _____ 이라고 적는다.

   (6) 책은 주로 _____ 에서 판매한다.

   (7) 옛날 사람들은 책을 _____ 을 이용해서 만들었다.

   (8) _____

   (9) _____

   (10) _____

사실과 의견의 개념

- 사실이란 보고 들은 것이나 경험한 것 등 있는 그대로의 사건이나 일을 쓴 것을 말합니다.
- 의견이란 어떤 사건이나 대상에 대해 글쓴이의 생각이나 느낌이 들어 있는 글을 가리키는 말입니다.

2 '책'에 대한 의견을 말해 봅시다. '책'에 대해서 어떤 생각을 가지고 있습니까?

(1) 책은 _____ 라고 생각해요.

(2) 책을 읽으면 _____ 좋아요.

(3) 책을 읽으면 _____ 싫어요.

(4) 책은 나에게 _____ 을 줘요.

(5) 책이 없으면 _____ 할 것 같아요.

(6) 책은 때로는 _____ 해요.

(7) 엄마는 책을 _____ 라고 하세요.

(8) 동생은(혹은 형은) 책이 _____ 하대요.

(9) _____

(10) _____

사실과 의견 구별하기

1 책에 대해 다른 사람들은 어떻게 생각하는지 살펴봅시다.
아래 글을 읽고 책에 대한 사실과 글쓴이의 의견을 구별해 봅시다.

종이책이 오래 살아 남는 이유

책은 생각보다 쓰임새가 많다. 시간을 죽인다거나 베고 잘 수 있다는 건 보편적인 용도에 속한다. 때로는 패션 소품이 되기도 하고 여행 가방을 꾸릴 때 빈 공간을 채우는 데도 유용하다. 책의 유용함은 이 같은 실용성을 떠나 심지어 정신에도 영향을 미친다. 내가 받은 독자 편지 중에 내 소설책의 책장을 북북 찢으면서 스트레스 해소를 했다는 내용이 있었다.

(중략)

몇 달 전 토지 문화관의 작가 집필실에 머물 때의 일이다. 선배와 저녁 산책을 하다가 밭둑가에 버려진 책들을 발견했다. 세로 조판에 종이가 누렇게 바랜 문학 전집 몇 권이었다. 나로서는 한국도 아닌 미국의 한 대학가 헌 책방에서 내 사인이 든 책을 발견한 아픈 사연이 있었다. 버려진 책이 대수냐는 듯 그냥 지나치려 했다. 그러나 선배는 그래도 책이 곁에 있으면 한 번쯤 들춰 보는 사람이 있을지도 모른다며 한사코 그 책들을 가까운 버스 정류장으로 옮겨다 놓는 것이었다. 마지못해 돕긴 했지만 나는 속으로 노인들만 사는 이런 시골 마을에서 책을 들춰 볼 사람이 있을 게 뭐냐는 생각이었다.

다음날 다시 산책을 나갔는데 놀랍게도 정류장 안의 나무 의자에 책 두 권이 나란히 펼쳐져 있었다. "그것 봐. 누군가는 본다니깐." 기쁜 표정을 짓는 선배에게 내가 말했다. "잘 보세요. 책을 읽던 사람이라면 왜 저렇게 펼쳐 둔 채로 갔겠어요? 저건 책을 읽은 게 아니라 버스 기다리는 동안 엉덩이가 시려워서 깔고 앉은 거라고요." 그러지 않기를 바라는 마음이 있었기에 나는 일부러 더 시니컬하게 말했던 것 같다. 하지만 자세히 보니 과연 책 위에는 엉덩이 자국이 납작하니 나 있었다.

그 다음날은 선배가 외출하여 나 혼자서 산책을 나가게 되었다. 저녁 어스름이라 사위가 조용하고 고적했다. 정류장 앞을 지나치다 보니 할머니 한 분만 앉아서 버스를 기다리고 있었다. 그때 갑자기 걸음을 멈추지 않을 수 없었다. 할머니가 책을 읽고 있었던 것이다. 나는 예쁜 여자를 보면 마치 카메라의 초점이 아주 잘 맞은 듯 눈이 확 밝아지는 느낌이 들곤 했는데, 그 느낌과도 비슷했다. 아주 초점이 잘 맞은 선명하고 정확한 영상! 그때 생각했다. 이러니저러니 해도, 책의 효용은 역시 저것이었다고.

은희경

사실과 의견의 차이점

• 사실은 누가 보더라도 똑같은 객관적인 것이고, 의견은 사람마다 생각과 의견이 다른 주관적인 것입니다.
• 사실의 목적은 있는 그대로 전달하는 데 있고, 의견의 목적은 주장을 내세워 남을 설득하는 데 있습니다.

2 옆의 글을 읽고 알게 된 책에 대한 사실들을 적어 봅시다.

(1) 책의 쓰임새 (유용함)

　－ 베고 잘 수 있다.

　－

　－

(2) 토지 문학관 집필실에 머무를 때 작가가 겪은 사실

　－ 산책을 하다가 밭둑 가에 버려진 책들을 발견했다.

　－

　－

　－

3 옆의 글에 나타난 작가의 의견을 적어 봅시다.

(1) 평소 책에 관한 작가의 생각

　－ 생각보다 쓰임새가 많다.

　－

(2) 버려진 책들을 발견했을 때 작가의 생각 －

　미국 헌 책방에서의 아픈 기억이 생각났다.

　－

(3) 정류장에서 혼자 책을 읽고 있는 할머니를 보았을 때 작가의 느낌

　－

　－

사실과 의견을 바탕으로 글쓰기

지금까지 책에 대해서 생각해 본 사실과 의견을 종합해서 글을 써 봅시다. 아래의 자료를 참고로 하고 더 필요한 자료가 있다면 스스로 찾아서 준비하도록 합니다.

(1) 책의 사전적 의미

- 일정한 목적, 내용, 체재에 맞추어 사상, 감정, 지식 따위를 글이나 그림으로 표현하여 적거나 인쇄하여 묶어 놓은 것. 도서(圖書), 서적(書籍), 인간의 사상이나 감정을 글자나 그림으로 기록하여 꿰어 맨 것.

(2) 책의 역사

- 중국에서는 진나라가 통일을 하기 이전 시대부터 판때기를 여러 개의 가죽으로 엮어 책(冊)을 만들었다. 그 후 비단 헝겊에 글을 쓰기도 했지만 비단은 너무 비싸서 널리 보급되지는 못했다. 서양에서는 메소포타미아 지방에서 질 좋은 점토를 이용하여 점토판을 만들어서 굳기 전에 갈대로 만든 뾰족한 펜으로 문자를 적어 넣어서 책을 만들었다. 이집트에서 만든 파피루스는 책의 기원으로 불려지는 책이다. 파피루스라는 나무의 껍질은 종이에 가까운 서적 재료가 되었다. 영어의 페이퍼는 이 파피루스를 어원으로 한다.

(3) 책의 종류

- 책은 내용에 따라서 크게 문학 책과 비문학 책 두 가지 종류로 나뉜다. 문학 책은 동화책, 소설, 시집, 고전, 수필, 희곡 등이 있고 비문학 책은 환경 도서나 과학 책, 역사책 등이 있다. 문학 작품은 주로 독자에게 감동과 즐거움을 주기 위한 책이고 비문학 책은 유용한 정보와 지식을 주기 위한 책이다. 책은 어떤 재료로 만드느냐에 따라서 종류를 나눌 수도 있다. 가장 흔한 것은 종이로 만든 책이지만 요즘은 컴퓨터나 스마트 기기로 볼 수 있는 전자책 (e-book)도 있고, 시각 장애인을 위해 점자로 만들어진 점자 책도 있다.

(4) 내가 찾은 자료

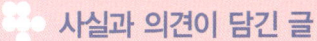
사실과 의견이 담긴 글

- 어떤 대상에 대한 글을 쓰기 위해서 그것에 대한 사실과 자신의 의견을 적절하게 나누어서 적습니다. 대상에 대한 자신의 생각과 의견이 담겨 있는 글을 '중수필'이라고 합니다. (책이란 무엇인지, 언제 생겼는지, 책의 종류에는 무엇이 있는지 등의 사실과 함께, 사람은 왜 책을 읽어야 하는지, 어떤 책이 좋은 책인지 등과 같은 자신의 생각도 적어 봅시다.)

2 '책이란 무엇일까?'라는 주제로 얼거리를 짜 봅시다.

제목	
처음	설명하고자 하는 대상에 대한 소개 - 책이란 무엇일까, 사람들은 언제 책을 읽을까에 대한 생각
중간	설명하고자 하는 대상에 대한 구체적인 사실 - 책의 역사, 책의 종류, 책을 읽음으로써 얻게 되는 효과
	책의 종류 -
	책의 역사 -
	책의 효용성 -
끝	대상에 대한 종합적인 의견 - 책의 소중함, 책에 대한 자신의 생각

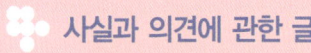 사실과 의견에 관한 글
- 사실은 정확하고 객관적인 것이어야 하고, 의견은 분명한 자신의 생각을 나타낼 수 있어야 합니다.
- 사실에 대한 설명을 해 준 후 그에 따른 의견을 말해야 합니다.

3 앞에서 짠 얼거리를 바탕으로 책에 관해 사실과 의견이 들어간 글을 써 봅시다.

주장과 근거

주장이란 어떤 문제에 관하여 자신의 의견을 밝히는 것입니다. 설득력 있는 주장은 뒷받침하는 **근거**가 타당해야 하며, 많은 사람이 공감하는 것이어야 합니다. 그래야 자신의 의견이나 생각 등을 논리적으로 밝혀 상대방을 설득할 수 있습니다. 알맞은 근거로 주장글을 써 봅시다.

학습 목표
1. 주장과 근거를 찾을 수 있다.
2. 타당한 근거를 밝히는 방법을 알 수 있다.
3. 알맞은 근거로 주장글 쓰기를 할 수 있다.

알맞은 주장과 근거 찾기

네 명의 어린이가 이야기를 나누고 있습니다. 무엇에 관한 이야기인지 읽고 물음에 답해 봅시다.

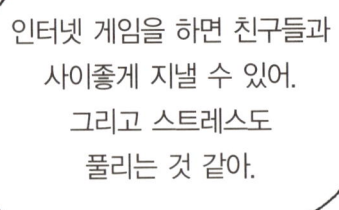

혜진: 인터넷 게임을 하면 친구들과 사이좋게 지낼 수 있어. 그리고 스트레스도 풀리는 것 같아.

기현: 인터넷 게임을 서로 먼저 하겠다고 하다가 동생과 싸운 일이 있어. 그래서 엄마한테 혼났지. 그래서 인터넷 게임은 적당히 하는 게 중요해.

하늘: 게임 내용이 폭력적인 게 많아서 문제야. 그러다가 마음이나 행동까지 폭력으로 물들까 봐 걱정이 돼. 학생들이 하는 게임은 게임을 만드는 어른들이 신중하게 만들 필요가 있어.

준희: 인터넷 게임이 폭력적인 것만 있는 것이 아니라 학습에 도움이 되는 것도 많아. 게임을 하면서 배운다면 더 쉽고 즐겁게 공부할 수 있을 거야.

주장과 근거란?

- 주장은 어떤 문제에 대하여 내세우는 글쓴이의 의견입니다. 근거는 주장을 뒷받침하는 내용을 말합니다. 근거의 종류에는 있었던 일, 일반적인 사실, 다른 사람의 의견 등이 있습니다.

1. 네 명의 어린이는 무엇에 대해 이야기를 하고 있습니까?

2. 네 명의 어린이가 자신의 의견을 주장하기 위해 어떤 근거를 밝히고 있습니까?

   혜진 :

   기현 :

   준희 :

   하늘 :

3. 바르지 못한 근거를 말한 어린이와 그렇게 생각한 이유를 써 보세요.

4. 기현이의 주장에 알맞은 근거를 밝힌다면 어떤 근거를 댈 수 있습니까?

주장과 근거 밝히기

| 주어진 자료를 보고, 〈보기〉와 같이 알맞은 주장과 근거를 찾아봅시다.

보기 ▶

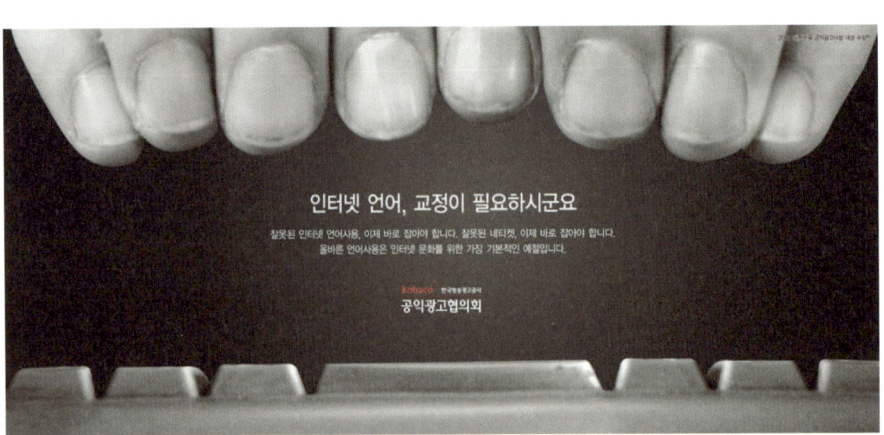

◎ 주장 : 올바른 언어 사용으로 인터넷 예절을 지키자.
◎ 근거 : 잘못된 언어 사용은 인터넷 문화를 어지럽히고 잘못된 정보를 전달할 수 있으며 우리의 언어를 파괴하는 주범이 된다.
◎ 내 근거 : 잘못된 인터넷 언어 사용은 남에게 피해를 줄 수 있으므로 올바른 인터넷 언어 사용은 인터넷 예절을 지키는 일이기도 하다.

◎ 주장 :
◎ 근거 :

◎ 내 근거 :

주장과 근거를 찾는 방법은?

첫째, 글쓴이가 제시한 문제가 무엇인지 알아봅니다.
둘째, 문제에 대한 글쓴이의 주장이나 입장을 찾아봅니다.
셋째, 주장을 직접적으로 뒷받침하는 중심 근거(까닭, 자료)와 중심 근거를 뒷받침하는 보조 근거(구체적인 자료)를 찾습니다.

2 주장글을 쓰기 위해서는 내가 어떤 주장을 할 것인지를 정하는 것이 중요합니다. 아래 글을 읽고 내 의견을 정리해 봅시다.

> 2017년 0월 0일 수요일 날씨 : 하늘은 맑았으나 내 맘은 흐렸다.
> 제목 : 취미 생활을 망치다.
>
> 　오후에 준희와 함께 인터넷 게임을 하였다. 인터넷 게임은 요즘 유일한 내 취미다. 친구들이랑 같이 할 수도 있고 혼자서도 할 수 있어 좋다. 무엇보다도 아이템을 모아 레벨업하는 게 재미있다. 어떨 때는 시간 가는 줄 모르고 하다가 학원 차를 놓친 적도 있다. 그래도 좋은 점이 많으니 괜찮다. 그런데 준희가 자꾸만 내 아이디로 게임을 하겠다고 해서 하는 수 없이 아이디를 빌려주었다. 내가 잠깐 화장실을 다녀온 동안 준희는 내 아이템도 모두 잃고 게임 머니도 잃고 있었다. 준희는 미안하다며 학원 시간 때문에 가 봐야 한다고 달려나갔다. 화도 나고 머리도 아픈 것 같았다. 내일 준희를 만나면 따져야겠다.
>
> 2017년 0월 0일 수요일 날씨 : 소풍 가기 좋은 날
> 제목 : 인터넷 게임은 역시 별로야!
>
> 　기현이네 놀러 갔다가 기현이 아이디로 게임을 하게 되었다. 원래 게임을 자주 하지 않아서 잘못한다. 그래서 기현이 아이템을 많이 잃게 되어 미안했다. 역시 인터넷 게임은 내 취향이 아닌가 보다. 나는 싸우고 때리고 하는 게임이 재미가 없다. 인터넷 게임을 하는 것보다는 운동장에서 농구를 하거나 책을 읽는 것이 더 재미있다. 인터넷 게임을 하다 보면 머리도 아프고 머리에 남는 것도 없다는 생각이 든다. 시간만 후딱 지나가서 시간이 아까울 때도 많다. 게임을 많이 하는 친구들은 그림을 그려도 폭력적인 그림을 많이 그린다. 그러면서 뭐 하는 거라고 설명하는데 솔직히 이해가 안 된다. 나도 인터넷 게임을 안 하는 건 아니지만 지나치게 하는 건 문제점이 많다고 생각한다. 기현이에게는 낼 사과해야겠다.

(1) 인터넷 게임에 대한 기현이와 준희의 생각은 어떻게 다릅니까? 일기에서 찾아봅시다.

------

(2) 일기에 나와 있는 내용 외에 밑줄 그은 부분의 내용에 해당되는 다른 의견이 있다면 어떤 것이 있습니까?

------

(3) 내 생각은 누구의 의견과 비슷합니까? 내 의견을 한 줄로 써 봅시다.

알맞은 근거로 주장글 쓰기

| 근거를 들면 같은 내용이라도 더 효과적으로 표현할 수 있습니다. 〈보기〉의 글처럼 '초등학교 컴퓨터 게임은 통제되어야 하는가'를 여러 가지 방법으로 바꾸어 써 봅시다.

(1) 예증 : 주장에 대한 구체적인 예를 들어 자신의 의견을 증명합니다.

> 보기 ▶ 음식물 쓰레기를 줄이는 일은 환경도 보호하고 자원도 절약할 수 있는 일이다. 한 해 사용되는 음식물 쓰레기 처리 비용은 약 8조 원이나 된다. 음식물 쓰레기를 줄이면 이러한 비용 절감 효과도 있다. 그러므로 음식물 쓰레기를 줄여야 한다.

(2) 부연 : 일반적인 사례를 들거나 소주제를 풀어 설명함으로써 주장의 이해를 돕습니다.

> 보기 ▶ 사람들은 흔히 음식을 먹고 남을 만큼 푸짐하게 하는 것을 미덕이라고 생각한다. 그러다 보니 다른 나라에 비해 우리나라의 음식물 쓰레기량은 많은 편이다. 음식물 쓰레기가 많으면 자원도 낭비되는 것이다. 음식물 쓰레기 처리 과정에서 환경 오염을 시키기도 한다. 그렇기 때문에 음식물 쓰레기를 줄여야 한다.

(3) 비유 : 서로 비슷한 경우를 빗대어 표현하여 내 주장의 설득력을 높입니다.

> 보기 ▶ 음식을 버리는 일은 돈을 버리는 것과 같다. 그래서 가장 중요한 일은 적당히 먹을 만큼의 음식을 만들고, 먹을 만큼의 음식을 덜어 먹는 것이다. 물건을 살 때도 필요한 것을 생각하지 않고 내 욕심 때문이나 남에게 과시하기 위해 사다 보면 낭비하게 된다. 결국 제대로 사용하지도 못하고 버리게 되는 경우도 생긴다.

주장하는 글의 짜임은?

- 처음 부분은 문제점을 지적하고, 문제가 되는 까닭과 가운데 부분의 논의할 내용을 안내합니다.
- 가운데 부분은 주장을 뒷받침할 수 있는 근거와 주장의 실천 방안을 씁니다.
- 끝 부분은 주장을 정리하거나 강조합니다.

2 '초등학교 컴퓨터 게임은 통제되어야 하는가'에 대한 주제로 주장하는 글을 써 봅시다. 다음 서론, 본론, 결론의 형식을 참고하여 어떻게 쓸지 얼거리를 짜 봅시다.

제목		
서론	문제 제기 및 내 의견의 방향을 제시	
	① 현재 상황을 제시 ② 주장하고자 하는 내용을 뚜렷이 나타냄	
본론	주장하고자 하는 내용을 전개	
	한 가지 방법을 선택하여 써 봅시다. ① 주장하는 근거 + 해결 방법 ② 문제의 원인 + 해결 방법 ③ 주장하는 근거 + 상대 의견 반박 　＋ 해결 방법	
결론	자기 의견을 강조, 본론 내용 요약 및 방향 제시	
	① 내 의견 강조 + 앞으로의 방향 제시 ② 내 주장대로 실천할 것을 다짐	

 근거 자료가 충분하고 타당할수록 설득력 있는 주장을 할 수 있습니다.

근거 자료는 어디서 얻을까요?

첫째, 관련 책을 통해 얻습니다. 둘째, 일반적인 사례를 밝힙니다.
셋째, 전문가의 말이나 의견을 인용합니다. 넷째, 신문이나 인터넷 기사를 활용합니다.

3 앞의 얼거리를 바탕으로 주장하는 글을 써 봅시다. 주장하는 글은 설득을 목적으로 쓰는 글이므로 타당한 근거를 밝혀 설득력 있게 쓰는 것이 중요합니다.

관찰하고 쓰기

관찰 기록문이란 대상을 관찰하고 쓴 글입니다. 동물, 식물, 자연의 변화, 사람의 행동이나 모습, 사물의 형태와 색깔 등 여러 가지 관찰 대상들을 시간을 두고 계속 관찰하여 관찰 기록문을 적어 봅시다.

학습 목표

1. 관찰 대상을 찾을 수 있다.
2. 관찰 방법을 알 수 있다.
3. 관찰 기록문을 쓸 수 있다.

관찰 대상 정하기

> 관찰 기록문을 적으려면 먼저 관찰 대상이 있어야 합니다. 무엇에 관심이 있는지 생각해 보고 관찰할 대상을 찾아봅시다.

1. 나는 동물이나 식물을 좋아하는지, 혹은 집에 동물이나 식물을 키우고 있는지 생각해 봅시다.

    나는 _____ 을 키우고 싶어요.

    혹은 나는 _____ 을 키우고(기르고) 있어요.

    🐙 집에서 강아지나 고양이 혹은 식물들을 키우고 있다면 좋은 관찰 대상이 됩니다. 관찰 대상은 매일 곁에 두고 쉽게 관찰할 수 있는 대상이 좋습니다.

    나는 _____ 을 관찰해 보고 싶어요.

    🐙 식물들은 많은 시간을 두고 꽃이 피는 과정이나 싹이 트는 과정을 관찰해야 하기 때문에 그 점을 고려해서 관찰 대상을 정해야 합니다.

2. 동물이나 식물들 중에는 긴 시간을 두고 관찰해야 하는 대상도 있습니다. 매미의 한살이나 올챙이가 개구리가 되는 과정을 관찰하려면 몇 달을 기다려야 합니다.

    나는 _____ 의 일생을(성장을) 관찰해보고 싶어요.

3. 야외에서 관찰해 보세요. 길거리에 이름도 모르는 많은 가로수와 길가에 핀 꽃들이 보일 겁니다.

    우리 집 주변에는 _____ 있어요.

    가까운 공원에 갔더니 _____ 있어요.

    🐙 야외에서는 나무와 꽃 말고도 많은 것을 볼 수 있습니다.

    길거리에는 _____ 가(이) 많아요.

    골목길에서는 _____ 가 있어요.

    큰 길가에서는 _____ 를 볼 수 있어요.

> **관찰 기록문 쓰기 과정**
>
> • 관찰할 대상 정하기 → 관찰할 내용과 목적 생각하기 → 관찰 방법 정하기 → 관찰하기 → 관련된 자료 찾아 정리하기 → 쓸 내용 정리하기 → 관찰 내용 글로 쓰기

4 야외에는 동물이나 식물 말고도 관찰할 수 있는 대상이 많습니다. 비 오는 날, 맑은 날, 흐린 날 등 날씨에 따른 대상의 변화도 주의해서 관찰해 봅시다.

비 오는 날에는 _____ 를 볼 수 있어요.

5 낮에만 관찰 대상을 찾을 수 있는 건 아닙니다. 밤하늘을 보세요. 별자리의 변화도 관찰 대상이 될 수 있습니다.

우리 동네에서는 밤하늘에 _____ 이 잘 보여요.

🐙 낮에는 볼 수 없고 밤에 관찰할 수 있는 것은 무엇이 있을까요?

밤이 되니 _____ 이 보여요.

밤에는 낮에는 볼 수 없는 _____ 을 관찰할 수 있어요.

6 대화하면서 관찰할 수 있는 대상도 있습니다. 엄마나 동생, 아빠 혹은 할아버지, 할머니를 관찰해 봅시다.

나는 _____ 를 관찰해 보고 싶어요.

🐙 꼭 가족이 아니라도 상관없습니다. 친구나 선생님, 연예인도 괜찮습니다.

나는 _____ 가 좋아요.

🐙 잘 모르는 사람도 상관없습니다.

우리 동네에, 혹은 시장에, 가게에 _____ 가 궁금해요.

7 사물을 관찰해 봅시다. 사물을 관찰하려면 때로는 날카롭게 분석해야 하고 꾸준한 관심을 가지고 많은 정보를 수집하기도 해야 합니다. 예를 들면 내 컴퓨터를 관찰하려면 컴퓨터에 관한 전문적인 지식이 필요합니다.

나는 우리 집 물건 중에서 평소에 _____ 이 궁금했어요.

관찰하기

1. 관찰 대상을 결정했다면 관찰 대상에 대해 알고 싶은 점과 관찰의 목적을 생각해 봅시다.

   ◎ 관찰 대상 : _____

   ◎ 관찰 목적 : _____

   _____

   ◎ 관찰 기간 : _____

2. 관찰 대상에 따라 관찰 방법이 달라집니다. 내가 정한 관찰 대상을 어떤 방법으로 관찰할 것인지 생각해 봅시다.

   (1) 시간의 흐름에 따라 관찰하는 방법

   > 관찰 대상에 따라서 하루, 일주일, 한 달 혹은 몇 개월씩 관찰 기간이 필요한 경우도 있습니다. 관찰 대상이 동물이거나 혹은 사람일 경우, 날씨의 변화나 별자리를 관찰할 때 시간의 흐름에 따르는 방법을 사용합니다.

보기	관찰 대상 : 우리 집 고양이 관찰 목적 : 고양이의 하루를 알아보고 고양이와 친구가 될 수 있는 방법을 알아본다. 관찰 내용 - 오후 3시 : 엄마에게 기대어 잠을 잠. - 오후 4시 : 멸치를 주려고 흔드니까 매우 귀찮아하면서 깨어남. - 오후 6시 : 물을 조금 먹고 장난감 실뭉치를 가지고 혼자서 놂. - 오후 7시 : 또 잠이 듦.

   _____

   _____

관찰 방법

- 관찰 방법에는 시간의 흐름에 따라 대상을 관찰하는 방법과 전체를 부분으로 나누어서 분석하며 관찰하는 방법이 있습니다.

(2) 분석으로 관찰하는 방법

분석하기 위해서는 전체를 부분으로 나누어야 합니다. 부분으로 나눈 다음에는 각 부분을 자세하게 관찰하고 관찰한 내용을 마인드맵으로 정리합니다.

보기 ▶

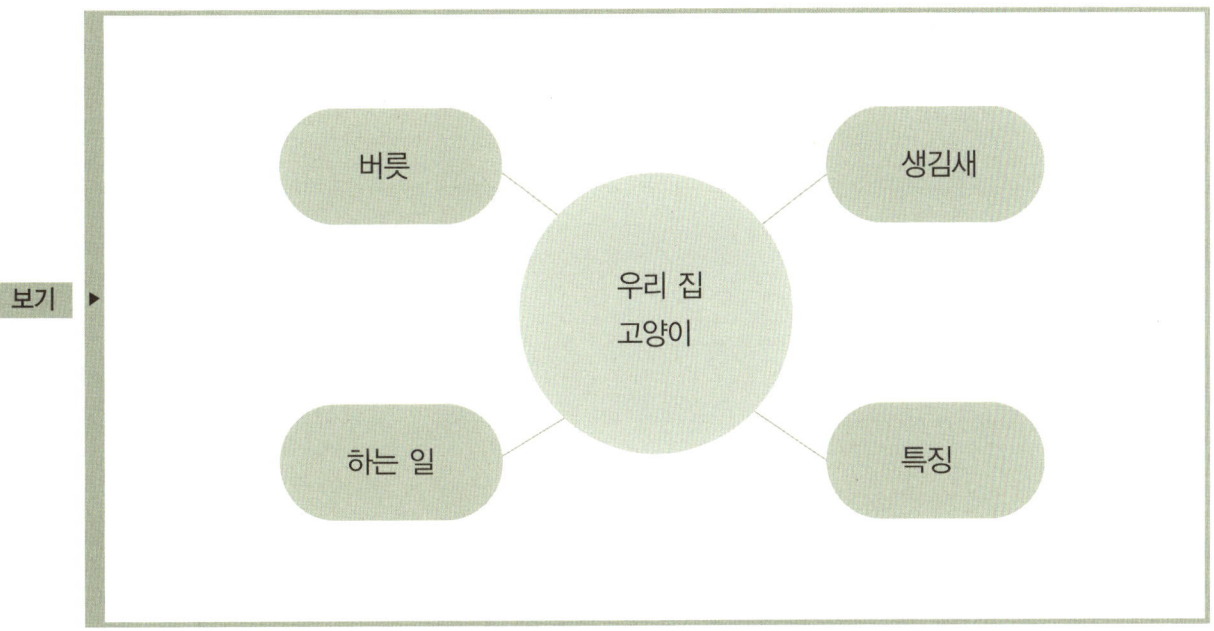

관찰 기록문 쓰기

1 관찰한 내용을 정리해서 적어 봅시다. 관찰 목적과 방법, 내용 등을 꼼꼼하게 기록해야 좋은 관찰 기록문을 쓸 수 있습니다.

관찰 대상	
관찰 목적	
관찰 기간	
관찰 방법	
관찰한 내용	
자료를 찾아 정리한 내용	
생각하거나 느낀 점	

관찰 기록문의 종류

- 생활문 형식의 관찰 기록문은 일기를 쓰듯이 관찰한 내용을 시간의 흐름에 따라 적는 방법입니다.
  (관찰하면서 느낀 점이나 자신의 생각을 많이 적을 수 있습니다.)
- 보고서 형식의 기록 방법은 관찰 기간이 길거나 분석의 방법으로 관찰했을 경우에 적당합니다.
  (자신의 생각보다는 객관적인 관찰 기록을 많이 적을 수 있습니다.)

2 관찰한 내용을 정리해서 관찰 기록문을 적어 봅시다. 관찰 대상의 사진이나 그림을 붙이는 것도 잊지 말고, 조사한 자료가 있으면 첨부해도 좋습니다.

(1) 생활문 형식 : 일기와 같은 생활문 형식으로 관찰한 내용을 자연스럽게 적고 관찰하면서 느낀 점이나 자신의 생각을 적습니다.

> **보기 ▶**
>
> 　우리 집 고양이의 이름은 '루이'이다. 하얀색 터키쉬 앙고라 고양이인데 나이가 8살이다. 사람의 나이로 하면 마흔도 넘은 아저씨이다. 그래서 그런지 루이는 하루 종일 잠만 자고 불러도 대답을 잘 안 한다. 루이는 온 몸이 하얀 털로 뒤덮여 있고 눈동자 색깔이 '오드아이'라고 하는 양쪽이 각각 다른 색깔을 지니고 있는 희귀한 고양이이다. 오후 3시쯤이면 루이는 슬슬 낮잠을 자기 위해 따뜻하고 조용한 곳을 찾아서 어슬렁거린다.
> 　루이가 주로 낮잠을 즐기는 곳은 햇볕이 잘 드는 베란다이다. 오늘은 거실에서 빨래를 개는 엄마 무릎에 기대어 잠이 들었다. 한 시간이 지나도 깨어나지 않아서 루이가 제일 좋아하는 멸치를 코앞에서 흔들었더니 눈을 떴다. 역시 고양이는 생선을 좋아한다. 루이가 좋아하는 또 하나는 실뭉치 장난감이다. 동그란 실뭉치 장난감을 가지고 한참을 놀더니 소파 옆으로 가 슬며시 다시 잠이 들었다. 루이는 정말 잠을 많이 잔다. 루이를 관찰하면서 루이가 우리 가족이라는 생각이 다시 한 번 들었다. 같은 집에서 살고 밥도 같이 먹고 같이 놀기도 하기 때문이다. 루이와 앞으로도 오랜 시간 동안 같이 살 수 있으면 좋겠다.

(2) 보고서 형식 : 관찰한 내용에 대해서 전문적인 지식을 전달하고 싶다면 객관적이고 체계적인 보고서 형식으로 적습니다.

> **보기 ▶**
>
> 관찰 대상 : 우리 집 고양이　　관찰 목적 : 고양이의 하루 일과와 특징을 알고 싶어서
> 관찰 기간 : 0000년 00월 00일 오후 3시에서 오후 7시까지
>
> 1. 고양이 이름 : 루이
> 2. 종류 : 터키쉬 앙고라
> 3. 생김새 : 몸은 하얀색 털로 뒤덮여 있다. 눈은 양쪽이 각각 초록색과 파란색으로 다른 색을 띄고 있는 '오드아이' 이다.
> 4. 특징 : 불러도 대답을 잘 안 한다.
> 5. 좋아하는 것 : 멸치, 실뭉치 햇볕이 잘 드는 따뜻한 곳.
> 6. 하루 일과 :
>   오후 3시 - 거실에서 잠이 듬.
>   오후 4시 - 실뭉치를 가지고 놈.
>   오후 6시 - 소파 옆에서 다시 잠이 듬.
> 7. 느낀 점 : 앞으로도 루이를 사랑하고 아껴 줘야겠다.

🔸 **기록문의 종류**

- 관찰 기록문 : 대상을 관찰하거나 실험하고 과정과 결과를 나타낸 글.
- 조사 기록문 : 대상에 대해 여러 방면에서 자세히 살펴보고 거기서 얻은 내용을 기록한 글.
- 견학 기록문 : 장소를 견학하고 나서 보고, 듣고, 느끼고 생각한 것을 적은 글.
- 행사 기록문 : 각종 행사를 대하고 그 프로그램이나 일어난 일, 감상, 반성, 계획 등을 적은 글.
- 감상 기록문 : 책, 영화 등을 보고, 받은 느낌을 적은 글.

3 앞에서 정리한 두 가지 방법 중에서 하나를 택하여 관찰 기록문을 완성해 봅시다.

① 처음 부분 : 관찰하게 된 동기, 관찰 방법, 관찰의 목적을 소개합니다.
② 가운데 부분 : 관찰 내용을 순서에 따라 기록합니다.
③ 끝맺음 부분 : 관찰하면서 생각하거나 느낀 점을 씁니다.

제목 :

상상 쓰기

이야기글은 어떤 사물이나 사실, 현상에 대하여 일정한 줄거리를 가지고 있는 글을 말합니다. 자신이 경험한 지난 일이나 마음속에 있는 생각을 쓰는 이야기글도 있고, 어떤 사실에 관하여, 또는 있지 않은 일을 사실처럼 꾸며 재미있게 쓰는 이야기글도 있습니다. 내 상상을 꾸며 쓰는 이야기글은 인물과 사건 등을 창조하는 일로 **상상**의 세계를 그리는 일입니다. 내 상상을 꾸며 이야기를 만들어 봅시다.

학습 목표
1. 동화의 특징을 알 수 있다.
2. 효과적인 문장 표현에 대해 알 수 있다.
3. 동화를 쓸 수 있다.

동화의 특징

▌ 친구들의 대화를 읽고, 물음에 답하여 봅시다.

동화의 구성 요소

- 인물은 주요 인물과 주변 인물이 있습니다. 어린이, 어른, 의인화된 동물, 식물 등이 등장인물이 되어 이야기를 전개해 나갈 수 있습니다.
- 사건은 등장인물이 겪거나 일으키는 일과 행동입니다. 발단(기) → 전개(승) → 위기 및 절정(전) → 결말(결)의 순서로 이야기가 전개됩니다.
- 배경은 사건이 일어나는 시간과 공간 등의 환경을 말해요.

1 두 친구는 무엇에 대해 이야기를 나누고 있습니까?

◎ 별이 : _____

◎ 진수 : _____

2 두 친구의 이야기를 글로 쓰면 이야기글이 됩니다. 이야기글을 옳게 설명하는 내용에 V표시해 봅시다.

첫째, 동화는 이야기글이다. ☐

둘째, 이야기글은 어른들만 쓰는 글이다. ☐

셋째, 경험한 일도 이야기글이 될 수 있다. ☐

넷째, 이야기글에는 대화글이 들어가면 안 된다. ☐

다섯째, 지은이가 상상하여 쓴 것만이 이야기글이다. ☐

여섯째, 전래 동화, 신화, 우화 등은 이야기글이 아니다. ☐

일곱째, 줄글이면서도 시와 같은 아름다움과 감동이 있다. ☐

3 동화는 대표적인 이야기글입니다. 별이의 말에서 알 수 있는 동화의 구성 요소를 찾아봅시다.

◎ 인물 : _____

◎ 사건 : _____

◎ 배경 : _____

효과적인 문장 표현 기르기

| 같은 이야기라도 표현하는 방법에 따라 재미와 감동이 다른 글이 됩니다. 효과적인 문장 표현을 해 봅시다.

1. 줄글을 대화글로 고쳐 봅시다. 대화글로 고칠 때 좀 더 효과적인 표현을 찾아 써 봅니다.

> **보기** ▶
> 창밖을 보니 아이들이 빨리 가자며 우르르 뛰어가고 있었다. 선생님께서는 호루라기를 불며 빨리 뛰어오는 순서대로 구령을 붙여 앉게 했다.
> "빨리 가자, 빨리 뛰어!" 너도나도 뛰어가며 소리쳤다.
> "호루룩, 호루룩, 구령 붙여 앉도록!" 선생님께서는 볼이 풍선처럼 볼록해지며 호루라기를 불다가, 발그레한 얼굴로 아이들에게 소리쳤다.

엄마의 깨우는 소리에 눈을 반쯤 떴다 감았다. 조금 더 자고 싶은 마음에 이불을 돌돌 말고 있다가 자명종 소리까지 요란하게 울려서 이불을 뒤집어썼다. 그때 엄마의 불호령이 떨어졌다.

------

2. 그림에 어울리는 문장 표현을 찾아 〈보기〉처럼 자세히 써 봅시다.

> 꽃 네 송이와 초록 식물이 유리컵에 꽂혀 있다.
>
> **보기** ▶ 투명한 컵에 꽃이 꽂혀 있다. 진분홍색 백일홍 두 송이와 노란 국화 한 송이는 활짝 피어 있다. 그리고 아직은 봉오리인 분홍 장미 한 송이는 수줍게 피어 있다. 초록 잎새가 붉고 노란 꽃잎을 더욱 선명하게 한다.

어떻게 표현할까요?

첫째, 내용에 따라 대화글과 묘사글 등을 적절히 섞어 씁니다.
둘째, 표현을 바꾸어 쓰면 좋을 곳은 없는지 살피면서 씁니다.
셋째, 사물이나 생각을 자세히 관찰하여 적절한 표현을 찾아 씁니다.

두 꼬마 아이가 의자에 앉아 있다.

3 그림을 보고 이야기를 상상하고서 대화글과 자세한 표현이 들어간 글을 써 봅시다.

동화 구상하기

다음 이야기에 이어지는 동화를 써 봅시다. 동화를 쓰기 전에 이야기를 어떻게 전개시킬 것인지 구상해 봅시다.

> 이른 아침에 눈을 뜬 이안은 오늘이 자신의 생일이란 것을 알았어요. 그래서 후다닥 계단을 뛰어 내려가며 소리쳤지요.
> "엄마, 엄마, 오늘 내 생일이에요."
> 엄마는 환하게 웃으며 뛰어 내려오는 이안을 안으며 말씀하셨어요.
> "그럼, 우리 사랑스런 이안의 생일이란 걸 엄마가 모를 리 없지!"
> 그때 딩동 하면서 초인종이 울렸어요. 엄마와 이안은 현관으로 갔지요. 문을 빼꼼 열어 보니 우체부 아저씨가 문 앞에 소포 꾸러미를 들고 서 계셨어요.
> "소포 왔습니다. 사인해 주세요."
> 아저씨는 작은 상자를 내밀며 말씀하셨지요.
> 이안과 엄마는 초록색으로 포장된 작은 상자를 식탁 위에 올려놓았어요.
> "뭘까? 누가 보냈을까?"
> 이안은 궁금해 하며 초록색 종이 포장을 조심스레 뜯었지요. 그 상자에는…….

(1) 주제 및 제재 정하기 : 이야기에 어울리는 제재와 주제를 정해 봅시다.

◎ 제재 : _____

◎ 주제 : _____

(2) 배경 정하기 : 주요 사건이 일어나는 장소와 시간을 정합니다.

◎ 장소 : 이안의 집, _____

◎ 시간 : 이른 아침, _____

동화의 제재와 주제

- 제재는 작품의 바탕이 되는 글의 재료를 말합니다.
- 주제란 작품에서 지은이가 나타내고자 하는 중심 생각입니다.

(3) 등장인물 정하기 : 나이 및 성별, 성격이나 신체적 특징 등을 정해 봅시다.

등장인물 ①	이안 :
등장인물 ②	엄마 :
등장인물 ③	
등장인물 ④	

(4) 주요 사건 정하기 : 발단(기)→ 전개(승)→위기 및 절정(전)→결말(결)에 맞게 사건을 전개시켜 봅시다.

> 발단 : 이야기가 시작되는 부분으로 배경과 인물에 대한 설명이 나옵니다.

엄마와 함께 집에 있던 이안은 자신의 생일 아침에 초록색 소포를 받는다.

> 전개 : 이야기가 진행되고 사건이 커지면서 갈등이 생깁니다.

> 위기 및 절정 : 사건이 복잡하게 얽히면서 흥미가 최고 높이에 오릅니다.

> 결말 : 사건이 해결되거나 주인공의 운명이 결정됩니다.

제목 짓는 요령
- 제목은 내용을 함축적으로 드러나게 씁니다.
- 추상적으로 쓰기보다는 구체적인 상황을 드러나게 쓰면 좋습니다.

2 동화의 특징을 생각하며 구성을 잘했습니까? 뒷이야기가 어떻게 전개될지 동화를 써 봅시다. 어울리는 제목도 지어 봅니다.

제목 : _____

_____

_____

_____

_____

_____

_____

_____

_____

_____

_____

_____

잠깐! 이야기를 재미있게 꾸미려면?
① 인물의 행동 변화가 잘 드러나게 글을 씁니다.
② 시간과 장소의 변화가 잘 드러나게 글을 씁니다.
③ 사건의 원인과 결과가 잘 드러나도록 글을 씁니다.
④ 사건의 처음, 가운데, 끝이 잘 드러나도록 글을 씁니다.
⑤ 글이 지루하지 않도록 대화글이나 생생한 표현을 씁니다.

쓰마랑 함께하는 아름다운 순우리말

타니, 새녘, 매듭달이라는 말을 들어본 적 있나요? 각각 귀걸이, 동쪽, 12월이라는 뜻의 순우리말이랍니다. 생소하면서도 참 예쁘지 않나요? 이런 예쁜 우리말에는 또 어떤 것이 있나 한번 알아보아요.

타니 : 귀걸이
새녘 : 동쪽. 동편
미르 : 용
칼잠 : 좁은 공간에서 여럿이 어깨를 모로 세워 끼워 자는 잠
덧물 : 얼음 위에 괸 물
채꾼 : 소를 모는 아이
보꾹 : 지붕의 안쪽, 처마 안쪽
섞사귐 : 지위나 처지가 다른 사람끼리 사귀는 일
산꼬대 : 밤중에 산 위에 바람이 불어 몹시 추워지는 일
오래뜰 : 대문 앞의 뜰
알음장 : 눈치로 넌지시 알려 줌
바람꽃 : 큰 바람이 일 때 먼저 먼 산에 구름같이 끼는 뽀얀 기운
산돌림 : 이리저리 돌아다니면서 오는 소나기
다모토리 : 큰 잔으로 소주를 마시는 일 또는 그런 집
막새바람 : 가을에 부는 선선한 바람
살사리꽃 : 코스모스
솔수펑이 : 소나무 숲이 있는 곳
매듭달 : 12월
보릿가을 : 보리가 익어 거두어들이게 될 만한 계절
개밥바라기 : 저녁에 서쪽 하늘에 보이는 금성
거지주머니 : 여물지 못한 과실의 껍데기
배추고갱이 : 배추의 연한 속

잠깐 어때요, 참 귀엽고 새롭지 않아요? 이미 흔하게 알려진 말을 쓰는 것보다 더 예쁜 문장을 만들 수 있을 것 같지 않나요? 이렇게 아름다운 우리말이 잊혀 가고 있다는 건 슬픈 일이에요. 평소에 친구들과 이야기하다가 이따금 한마디씩 우리말 단어를 말해 보세요. 알고 있던 친구들과는 공감을, 모르던 친구들에게는 새로운 우리말 지식을 나누어줄 수 있을 거예요.

생각 동화 호랑이의 눈물

깊은 산속에 호랑이 한 마리가 살았습니다.

그 산에는 온갖 짐승들이 노닐어서 호랑이는 늘 배불리 먹을 수 있었습니다.

어느 날, 호랑이는 식사를 하고 낮잠을 늘어지게 잔 뒤,

어슬렁어슬렁 산보를 나섰습니다.

산은 마침 단풍이 들어 보기에 좋았습니다.

"올해는 단풍이 더욱 짙은걸. 어? 그런데 다른 동물들은 다들 어디 간 거야?

이 좋은 단풍 구경도 안 하고 말이야."

호랑이는 문득 외롭다는 생각이 들었습니다.

'친구가 있었으면 좋겠어.

도란도란 이야기도 나누고 먹을 것도 나누어 먹고……'

그러나 호랑이가 아무리 웃는 낯으로 다가서도 동물들은 눈도 마주치기 전에

다들 줄행랑쳤습니다. 그때 멀리서 풀을 뜯고 있는 노루 가족이

호랑이의 눈에 들어왔습니다.

호랑이는 살금살금 다가가 나지막이 말을 건넸습니다.

"얘들아, 나랑 친구 하지 않으련?"

호랑이의 뜻밖의 말에 노루는 뒷걸음질을 치며 고개를 가로저었습니다.

"친구요? 친구 하다가도 배고프시면 친구 좋은 게 뭐냐? 고 하시며,

우리를 잡아먹을 게 뻔한데요."

호랑이는 몇 날을 뜬눈으로 새웠습니다. 그리고는 결심을 굳힌 듯 숲으로 들어가

고기 대신 나무의 열매를 주워 먹었습니다.

입맛에 맞지 않는 먹이였지만 호랑이는 이를 악물고 주린 배를 채웠습니다.

어느덧 겨울, 산은 하얀 세상으로 변했습니다.

호랑이는 눈 덮인 산속을 먹이를 찾아 헤맸습니다.

눈앞에서 토끼나 노루가 어른거릴 때면 호랑이는 절로 군침을 흘렸지만,

그때마다 고개를 가로저으며 마음을 다잡았습니다.

마침내 호랑이는 배고픔을 이기지 못하고 눈 위에 쓰러졌습니다.

그때였습니다. 호랑이 주변으로 동물들이 하나, 둘 모여드는 것이었습니다.

모여든 동물들의 손에는 먹을거리가 한 움큼씩 들려 있었습니다.

그때, 호랑이의 눈에서 이슬 같이 맑은 눈물방울이 반짝거렸습니다.

이인

쓰마와 함께하는 북한말

6·25 전쟁 이후 우리나라는 남한과 북한으로 나뉘어져 반세기가 넘는 세월 동안 교류하지 못하고 지냈어요. 한민족이었던 남한과 북한은 갈라지면서 사람도 경제도 문화도 서서히 달라졌지요. 사용하는 말에도 조금씩 차이가 나게 되었는데, 그래서 북한의 말과 우리말은 조금씩 다른 경우가 많답니다.

우리말	북한말
마네킹	몸틀
볶음밥	기름밥
보름달	둥근달
생활 필수품	인민 소모품
수중 발레	예술헤염
잔돈	부스럭돈
산책길	거님길
호출기	주머니종
수학여행	배움나들이
외출복	갈음옷
주차장	차마당
레코드	소리판
프라이팬	지짐판
노크	손기척
도시락	곽밥

잠깐 예시된 단어들에서 알 수 있듯이, 북한에서는 가능한 한 한자어와 외래어를 사용하지 않고 순수 한글을 사용한 언어 생활을 하고 있답니다.

언어의 차이를 극복하려면, 먼저 언어의 차이에 대해 잘 알아두는 것이 중요하겠지요. 언젠가 통일이 될 그날, 북한에서 온 친구들에게 북한의 인사를 해 주는 것도 좋지 않을까요?